Neue Zeitung für Einsiedler

Mitteilungen der Internationalen Arnim-Gesellschaft

Band 14

T0145900

Herausgegeben
von Roswitha Burwick und Anna Sievert

Wiesbaden 2018

Anschrift der IAG:
Internationale Arnim-Gesellschaft e.V.
Prof. Dr. Dr. h. c. Walter Pape
Universität zu Köln
Institut für deutsche Sprache und Literatur I
Albertus-Magnus-Platz
D-50923 Köln
http://arnim-gesellschaft.phil-fak.uni-koeln.de/

ISSN 1613-3366

Herstellung und Vertrieb: Dr. Ludwig Reichert Verlag Wiesbaden

Umschlagbild: Caspar David Friedrich. Caroline auf der Treppe (1825);
Pommersches Landesmuseum Greifswald
Umschlaggestaltung: Anna Sievert

Satz: Anna Sievert

Inhaltsverzeichnis

Bibliographie

Anzeigen und Berichte

Wissenschaftlicher Beirat

An die geneigten Leser

Nach der Sitte der romantischen Herausgeber von Zeitungen und Erzählungen wenden wir uns mit der in der letzten Ausgabe der *Neuen Zeitung für Einsiedler* eingeführten Anrede an unsere Leser und bitten um ihr Wohlwollen und ihre weitere Unterstützung unseres Unternehmens. Während Arnims *Zeitung für Einsiedler* als „Versuch einer neuen Zeitung" nur kurzlebig war, hat sein Projekt doch Nachhall gefunden, nicht zuletzt in unserer Zeit durch Renate Moerings umfangreiche und umfassende historisch-kritische Edition des 6. Bandes der Weimarer Arnim-Ausgabe. Und somit freuen wir uns, wieder ein Heft vorlegen zu dürfen, das neben akademischen Aufsätzen deutscher und amerikanischer AutorInnen auch Barbara Steingießers Begrüßungsrede zur Düsseldorfer Ausstellung *Mack und Goethe* enthält. Drei Beiträge sind Arnims Werk gewidmet: Renate Moering analysiert ein Gedicht, Yvonne Pietsch schreibt zur Semiotik der Waffen in Arnims *Schaubühne* und Hans-Georg Pott eröffnet mit seinem Beitrag über den Maleraffen in Literatur, Malerei und Dichtung einen interessanten Ausblick auf Arnims Erzählung *Raphael und seine Nachbarinnen*. Zum Kreis um Arnim trägt Heinz Rölleke mit seiner Rekonstruktion des hessischen Kettenmärchens „Hünchen und Hänchen" bei und einem Zeitgenossen widmet sich Anna Sievert in ihrem Beitrag über Spuren der Neuen Mythologie in Fouqués Erzählung *Undine*. Barbara Becker-Cantario und Maria Reger ergänzen diesen Teil des Hefts mit Untersuchungen des Interesses der amerikanischen Transzendentalisten an Bettina und Genderfragen um Sophie von Mereau in ihrem Werk *Das Blüthenalter der Empfindung*.

Unter den kleinen Beiträgen sind Jürgen Knaacks Miszellen zu unbekannten Quellen des *Preußischen Correspondenten* und Norbert Wichards Fund eines Briefes von Friedrich Wilhelm an Antonia Brentano von höchstem Interesse, da sie Informationen liefern, die nicht nur für die Arnim-Forschung, sondern auch für die Romantik im Allgemeinen wichtig werden. Yvonne Pietschs Beitrag zur Familienbibliothek der Arnims gibt einen Einblick in die reichhaltige Büchersammlung, die sich in Weimar befindet und als Ergänzungsband der Weimarer Arnim-Ausgabe geplant ist. Frau Heymach unterstützt diesen Band mit einem historischen Abriss über das traditionsreiche Künstlerhaus Schloss Wiepersdorf und Herrn Wichard sind wir dankbar für seine Rezension zu Roger Paulins Schlegelbiographie. Wie immer schließen wir mit den erschienenen Bänden der Weimarer Arnim-Ausgabe, den Schriften der Internationalen Arnim-Gesellschaft, der Aufzählung der bisher erschienenen Bände unserer Zeitung und den Berichten über die Mitgliederversammlung.

Auch in diesem Heft wird die Bibliographie zu Arnim von Gert Theile und Walter Pape weitergeführt, so dass wir immer auf dem letzten Stand bleiben.

Ein freudiger Anlass ist Gerhard Schulz's 90-jähriger Geburtstag, zu dem wir herzlich gratulieren. Leider hat die Arnim-Gesellschaft in den letzten beiden Jahren mit Ursula Härtl und Bernd Hamacher aber auch zwei engagierte und liebenswerte Menschen verloren. Wir werden sie sehr vermissen.

Dieses Heft wäre nicht möglich gewesen ohne die Mitarbeit und das Engagement unserer Autoren. Wir sind allen zu großem Dank verpflichtet. Besonderen Dank verdient unsere Mitherausgeberin Anna Sievert, die in unermüdlichem Fleiss dieses Heft eingerichtet hat. Die Zusammenarbeit mit ihr verlief äusserst harmonisch, vor allem, da sie mit Ihrem Wissen auch dazu beigetragen hat, dass unsere Beiträge nicht nur formal, sondern auch sachlich ihre Richtigkeit haben. Wir freuen uns, dass wir mit dem Reichert Verlag Wiesbaden einen Verlag gefunden haben, der unsere Zeitung professionell betreuen wird. Unser besonderer Dank geht an Renate Moering für die Vermittlung und an Ursula Reichert für ihren Rat und ihre Unterstützung. Zu guter Letzt sei dem Pommerschen Landesmuseum Greifswald für die Erlaubnis gedankt, Caspar David Friedrichs Bild „Zum Licht hinaufsteigende Frau" (um 1825) für unseren Umschlag zu verwenden.

Mit dem Abschluss dieses Hefts ist nun keineswegs auch ein Abschluss der *Neuen Zeitung für Einsiedler* gemeint. Vielmehr schicken wir mit der Zeitung auch gleich einen Boten aus, der neue Beiträge einwirbt, so dass die Arbeit an dem 15. Jahrgang 2020 beginnen kann.

Roswitha Burwick
Anna Sievert

Aufsätze

Renate Moering

„Du schwaches Wort Auf starken Ton…"
Ein Gedicht Achim von Arnims

Für Konrad Heumann

In der Handschriftensammlung des Freien Deutschen Hochstifts befindet sich eins der schönsten Autographen Achim von Arnims: sein Pergamentband I, voll mit Gedichten. Durch datierbare Einträge läßt sich erschließen, daß der Dichter den Band zwischen Oktober 1804 und Februar 1806 mit Reinschriften füllte.[1] Für Arnims Arbeitsweise sind allerdings die ständigen Überarbeitungen typisch, und so wurde auf diesen Reinschriften weiter an den Texten gefeilt oder auch einfach nur dazu gedichtet. Gelegentlich ändert sich dabei die erste Zeile; ungewöhnlich ist es jedoch, daß ein Gedicht nacheinander sechs unterschiedliche Anfangszeilen erhält: „O armes Wort…", „O schwaches Wort…", „Du schwaches Wort…", „Du starker Ton…", „Du trägst mich fort…" und schließlich „Mein lieber Sohn…", – in drei Autographen und einem Druck. Die Verse sprechen vom Wort des Dichters und der Vertonung durch den Komponisten; diese erhöht den Wert des Gedichts und führt zu größerer Verbreitung. Das romantische Zusammenwirken verschiedener Künste beschäftigte Arnim und seinen Freund Brentano in der Jugend, zumal auch Komponisten ihrem Kreis angehörten. Das für Arnim damals programmatische kleine Gedicht sah er nacheinander für verschiedene Projekte vor. Im Pergamentband steht das Gedicht als erstes auf dem Deckblatt, darunter mit früherer Schrift die damalige Adresse im Haus seiner Großmutter Caroline von Labes im Carrée bzw. „Viereck" am Brandenburger Tor in Berlin, später Pariser Platz genannt; er wohnte dort vorübergehend nach der Rückkehr von seiner Europareise:

> Ludwig Achim von Arnim
> Abzugeben im Viereck n 4. zu Berlin

Als Reinschrift läßt sich erkennen:[2]

---

1 Signatur FDH 7373. Vgl. die Liste der 140 Gedichte des Bandes in: Ulfert Ricklefs: Arnims lyrisches Werk. Register der Handschriften und Drucke, Tübingen 1980 (= Freies Deutsches Hochstift, Reihe der Schriften 23), S. 267–269.
2 Zitiert (in Überarbeitung) mit den übrigen handschriftlichen Fassungen des Gedichts im Kommentar zum Erstdruck, in: Ludwig Achim von Arnim: Werke und Briefwechsel. Hist.-krit. Ausgabe. In Zusammenarbeit mit der Klassik Stiftung Weimar Hrsg. v. Roswitha Burwick, Lothar Ehrlich, Heinz Härtl, Renate Moering, Ulfert Ricklefs und Christof Wingertszahn (Weimarer Arnim-Ausgabe, WAA), Bd. 6,2: Zeitung für Einsiedler, Kommentar, Berlin 2014, S. 742–745. Zitiert nach der früheren

Inschrift für das erste Heft des Troubadour.

Du schwaches Wort
Auf starken Ton,
Du trägst mich fort,
Mein lieber Sohn:
Ja wie ein Blick,
Hochhimmlisch trägt,
Um Dich Musick
Die Flügel schlägt,
Und die Lauten,
Dir eine Wiege bauten
Und die Hände,
Die beten für dich behende.

Die letzten vier Zeilen des zwölfzeiligen Gedichts sind am linken Rand mit
einer Schweifklammer umgeben; Sie werden darunter durch eine Variante er-
setzt. Die erste Zeile ist ersatzlos gestrichen, die zweite als Beginn verändert
zu „Du starker Ton…", ohne daß an ein Auffüllen des nun fehlenden Reim-
worts gedacht wäre. Die Veränderungen setzen fort, was Arnim auf einem
Entwurfsblatt begonnen hatte:[3] Das „arme Wort" wird dem „reichen Ton"
gegenübergestellt; in ständigem Korrigieren werden die Verse auf dem Blatt
verändert. Sie kommen in der Reinschrift auf dem Deckblatte des Pergament-
bands I nur vorläufig zu einem Abschluß. Die Überschrift, gequetscht über
das Gedicht geschrieben, wird wieder gestrichen. Vermutlich war durch diese
schon der zweite gedachte Kontext bezeichnet, ein Liederheft Johann Friedrich Reichardts: „Le Troubadour italien, français et allemand", erschienen
zwischen März 1805 und Anfang 1806 in 12 Lieferungen (Berlin: Frölich).
Arnim hatte Brentano am 14. Januar 1805 mitgeteilt:

> Einge neue Lieder von mir hat Reichard sehr schön komponirt, ich werde sie Dir
> senden, wenn sie gedruckt, er giebt eine neue musikalische Zeitung mit dem An-
> fange dieses Jahres heraus und eine Sammlung von Compositionen, le Trouba-
> dour genannt.[4]

Weiter informierte Arnim den Freund, welcher Reichardts Stil kritisiert hatte,
am 27. Februar 1805, daß dieser über zwölf andere Lieder von ihm kompo-
niert habe. Dann sandte er ihm am 25. März die ersten Lieder aus dem „Troubadour" zu. Reichardt war immer schnell, gelegentlich auch leichtsinnig in
seinen Publikationen. In diesem Fall störte er ein Lieblingsprojekt Arnims,
das er seit 1803 hegte und an dem er bis zum Sommer 1806 festhielt, bis er

Reinschrift, in: Renate Moering: Farben in der Lyrik Achim von Arnims. In: Walter
Pape (Hrsg.): *Die Farben der Romantik*. In: Schriften der Internationalen Arnim-Gesellschaft, Bd. 10, 2014, S. 182f.
3 Handschrift Freies Deutsches Hochstift, Signatur G 390.
4 Zitiert in: Renate Moering: Castor und Pollux. Arnim und Brentano in ihren Projekten mit Reichardt. In: *Johann Friedrich Reichardt. Komponieren, Korrespondieren,
Publizieren*. Hrsg. v. Walter Salmen, Hildesheim u.a. 2003, S. 434.

es nach der preußischen Niederlage gegen Napoleon und seiner Flucht nach Königsberg notgedrungen aufgeben mußte.

Das Projekt war eine Sammlung, für die Arnim den Titel „Lieder der Liederbrüder" vorschlug. Brentano hatte ihm am 30. April 1803 aus Frankfurt geschrieben:

> Ich habe eine Idee, die dir vielleicht auch nicht unangenehm wäre, ich habe viele einzelne ungedrukte Lieder von mir, die alle recht schön sind, du hast auch vielleicht vieles, wenn wir sie zusammen drucken ließen mit unsern beiderseitigen Nahmen, sollte uns das Büchelchen nicht immer ein freudige Umarmung unsrer Jugend sein, ich weiß nicht lieber Junge, ob dir meine Gesellschaft nicht zu schlecht ist, aber ich meinte so in meiner Einfalt, es wäre recht schön, weißt du einen Verleger, vielleicht einen Berliner […]. Sage deine Meinung, waß du von Titel Verleger und dergleichen hälst, und dann wollen wir machen, daß es Michaelis herauskömt.[5]

Arnim antwortete aus Paris am 5. Mai 1803, Brentanos Brief sei „wie eine Himmelsbotschaft" zu ihm gelangt:

> Ich habe ein Ganzes aus vielen Kleinigkeiten, wo mir die Kleinigkeiten mehr Thränen gekostet als das Ganze, es umfasst alle kleine Lieder, viele hundert an der Zahl, von denen jedes nicht viel bedeutet die aber im Ganzen eine verschlungene Geschichte bilden. […] Lieder der Liederbrüder, welche Aufschrift mir sehr gefällt, nur ist freilich noch nichts abgeschrieben das kann ich aber hier noch leisten.[6]

Brentano ging am 11. Mai ausführlich darauf ein.[7] Doch Arnim plante nun, seine Reise nach London auszudehnen, meinte aber am 6. Juni, noch aus Paris: „Denke nicht daß ich die Liederbrüderschaft vergessen".[8] Brentanos Antwortbrief gelangte nicht nach England; erst im Februar 1805 erhielt Arnim ihn. Er hatte darin für die „Liederbrüder" das Gedicht „Durch den Wald mit raschen Schritten …" geschrieben, welches er am 12. Oktober erneut an Arnim sandte.[9] Kaum war Arnim wieder in Deutschland, besuchte Brentano ihn Mitte November bis Ende Dezember 1804 in Berlin; er entfloh seiner schwangeren Frau Sophie Mereau, nicht ohne sich gleich wieder zu ihr zurückzusehen. Das Projekt wurde in Berlin ausführlich besprochen, die neuesten Gedichte ausgetauscht. Brentano fühlte sich zunächst entmutigt, wie er Sophie schrieb:

> Waß meine poetischen Wünsche angeht, so ist Arnim zu allem sehr geneigt, wenn ihn nur nicht das unendliche Quellen eigner Produktion daran stören mag. Die Zahl seiner auf seinen Reisen geschriebenen originellen seltsamen lieder macht,

---

5 Clemens Brentano: *Sämtliche Werke und Briefe. Hist.-krit. Ausgabe, veranstaltet von Freien Deutschen Hochstift.* Hrsg. v. Jürgen Behrens u.a. (FBA), Bd. 31: *Briefe 1803–1807.* Hrsg. v. Lieselotte Kinskofer, Stuttgart u.a. 1991, S. 82f.; WAA, Bd. 31: *Briefwechsel 1802–1804.* Hrsg. v. Heinz Härtl, 2004, S. 225.

6 WAA, Bd. 31, S. 229f.

7 FBA 31, S. 88; WAA 31, S. 241f.

8 WAA 31, S. 259.

9 FBA 31, S. 144–147 und 238–241; WAA 31, S. 292–294 und 302–304.

(es klingt lächerlich aber blos, weil es wahr ist) einen tisch hohen Stoß Papier, man erschrickt, wenn man nur ihre Menge sieht.[10]

Doch Arnim sah seine Gedichte durch und schrieb ab, was er einbringen wollte; nach Brentanos Abreise meinte er am 27. Februar 1805: „Reichardt hat über zwölf andere Lieder von mir komponirt, die Du alle nicht kennst, ich habe noch manches ins Reine geschrieben und ich denke bey meiner Anwesenheit in Heidelberg soll die schnelle Confrontation der Lieder der Liederbrüder keinen Aufenthalt finden, sondern sogleich in der weiten Welt sich Dach und Fach suchen. Dazu bewahre Deine herrlgen Melodieen, die mir, ich gestehe Dir, mehr Freude machen als alle andre […]".[11] Auch nach dem Erscheinen des ersten „Wunderhorn"-Bandes im Herbst 1805 hielten die Freunde zunächst an dem „Liederbrüder"-Plan fest. Arnim schrieb optimistisch an Brentano aus Neustrelitz am 12. März 1806: „Die Liederbrüder könnten sehr bald herauskommen. An Bettine habe ich geschrieben, mir ihre ältern und neueren Melodieen auf Deine und meine Lieder gefällig mitzutheilen, sie scheint aber jezt sehr beschäftigt, auf zwey Briefe hat Sie mir nur vier Zeilen geantwortet, die von nichts als Nachsicht Bescheidenheit und schlechtem Produkt sprechen bey Gelegenheit einer Melodie, die sie mir sendet […]. Ausser den Melodieen Deiner Schwester würden Reichardts, seiner Tochter, Deine und meine Melodieen darin ihren Platz finden. Schreib Deine Lieder ins Reine […]. Ich denke gleich bey meiner Rückkehr in Berlin mit Reimer davon zu sprechen".[12] Seit Anfang Januar 1806 stand Arnim mit Bettine Brentano in Korrespondenz, deren Gesangtalent ihn faszinierte. Er ermutigte sie, ihre improvisierten Melodien aufzuschreiben. Ebenfalls aus Neustrelitz bat er sie am 18. März: „Ich hatte den Plan, mit Clemens eine Sammlung unsrer Lieder mit Melodieen herauszugeben; schreiben Sie wohl einmal die älteren auf, die neueren dabey und einige neue hinzu?"[13] Es war Arnims Wunsch, den Liedern Melodien beizufügen. Nachdem er im Mai 1806 vom Tod des Göttinger Studienfreundes Stephan August Winkelmann gehört hatte, erinnerte er sich an das gemeinsame Dichten in Zusätzen zu Brentanos Roman „Godwi";[14] er erwog nun, auch einige von Winkelmanns Gedichten mit in die „Lieder der Liederbrüder" aufzunehmen, wie er an Brentano in der zweiten Maihälfte und an Bettine am 14. Juni 1806 schrieb, dazu die erhellende Mitteilung: „In ihm ist mir Poesie zuerst menschlich erschienen, ich erkannte dieselbe Kraft

---

10 FBA 31, S. 357.
11 WAA, Bd. 32,1, *Briefwechsel 1805–1806*. Hrsg. v. Heinz Härtl unter Mitarbeit von Ursula Härtl, 2011, S. 27.
12 WAA, Bd. 32,1, S. 165.
13 Handschrift Freies Deutsches Hochstift, Signatur 7221.
14 Vgl. den Abdruck in: *Clemens Brentano, Sämtliche Werke und Briefe. Hist.-krit. Ausgabe veranstaltet vom Freien Deutschen Hochstift*. Hrsg. v. Jürgen Behrens u.a., Bd. 16: *Godwi oder Das steinerne Bild der Mutter*. Hrsg. v. Werner Bellmann, Stuttgart u.a. 1978, S. 561–576, 593f.; 602–605, 780–794.

in ihr wie in allem und dieselbe Mühe, so wagte ich es auch mit meiner Kraft in meiner Mühe [...]".[15] Doch in diesem Herbst gelangte Arnim nicht wieder bis Heidelberg, sondern mußte nach Königsberg fliehen. Zwar setzte er dort seine Einträge in einem zweiten Pergamentband fort, doch änderten die Erlebnisse sein dichterisches Interesse; viele der dortigen Gedichte beschäftigen sich in kritischer Sicht mit dem Krieg.

Einen Teil seiner eigenen für die „Liederbrüder" vorgesehenen Gedichte publizierte Arnim 1808 an einer dafür denkbar unpassenden Stelle, dem Beginn seiner „Zeitung für Einsiedler".[16] Sie füllen die erste und zweite Nummer. Als Reminiszenz an frühromantische Stunden des Dichtens und Musizierens im Freundeskreis blieben sie der breiteren Leserschaft unverständlich; überdies fühlte sich der Klassiziert Johann Heinrich Voß, der sich gerade in einen Streit mit Brentano verwickelt hatte, durch das Eingangsgedicht „Der freye Dichtergarten" unbegründet angegriffen. Als „Wälder" oder „Garten" wurden seit der Antike Dichtungssammlungen bezeichnet. Arnim versammelt hier virtuelle Freunde – in deren Hintergrund echte Personen zu erahnen sind –, die ihre Befindlichkeiten aussprechen: „Selbstbescherung", „Selbstbeschwerung", „Selbstberuhigung", „Kritik", „Krankheit", „Freundschaft" u.s.w. Als „Vierte Stimme" spricht nicht ein Mensch, sondern „Das Wort": Es redet den „Ton" an, der ihn in „Musik" zum Himmel, vor allem aber „Zu ihrem Mund" trägt; denn die Angebetete singt dann hoffentlich das Lied des Dichters.[17] Eine weitere Erinnerung an die „Lieder der Liederbrüder" ist der Abdruck von Brentanos Lied „Durch den Wald mit raschen Schritten..." in Nr. 5 der „Zeitung für Einsiedler".

Zurück zum Pergamentband I: Er enthält offensichtlich die Gedichte, die Arnim für die „Lieder der Liederbrüder" vorsah. Als er Brentano am 27. Februar 1805 schrieb, er habe „noch manches ins Reine geschrieben", war ein Teil schon in den Band notiert; weitere sollten bis zum Frühjahr folgen, als Arnim seine Gedichte in Heidelberg zu Brentanos Liedern in „Confrontation" bringen wollte, um ein Ensemble zu bilden. Auf dieser Reise machte er in Giebichenstein bei Halle Station, wo Reichardt den Sommer über bei seiner Familie lebte. Seine älteste Tochter Louise hatte schon in einigen Liedvertonungen ihr Können bewiesen. Sie dürfte auch gleich einige Lieder nach Arnims Handschriften gesungen haben. Arnim bewunderte sie und tauschte sich brieflich mit ihr aus, doch begeisterte ihn offenbar die Schönheit ihrer jüngeren Schwester Friederike, wie aus Gedichten von ihm erschlossen werden kann, aus „Amor der Tintenjunge": „Da die Dienste aufgehoben..."

---

15 Brief an Bettine Brentano, Handschrift Freies Deutsches Hochstift, Signatur 7390.
16 WAA 6,1: *Zeitung für Einsiedler.* Hrsg. von Renate Moering, Berlin 2014, S. 4–25. Eine Anmerkung Arnims am Ende von Nr. 2 weist auf die „Melodieen dieser Lieder von Sr Durchlaucht dem Fürsten Radzivil, von H Kapellmeister Reichardt und D. Louise Reichardt" hin.
17 WAA 6,1, S. 9.

(1805) und „Auf ein Blat Papyrus geschrieben: Du in Sommerlust erschienen..." (1806).[18] Doch um Friederike bemühte sich schon Karl von Raumer
(1783–1865), damals Student von Henrik Steffens in Halle. Raumer beschreibt
seine Studienzeit in dem Kapitel „Halle und Giebichenstein. Michaelis 1804
bis zum 24. September 1805" seiner Autobiographie: „Ich bin kein Dichter,
sonst wollte ich vor allem schildern, welche tiefe Liebe mich gegen das wunderschöne Kind ergriff, das ich zuerst im Concert gesehen. […] Wenn sie
mit den Schwestern heilige Chöre von Palestrina, Leonardo Leo […] sang,
so wurde ich vom Anblick und vom Gesange wunderbar ergriffen. […] Der
stille Schutzgeist der Geliebten selbst war ihre älteste Schwester Louise, der sie
mit ganzer Seele anhing. […] Nie werde ich das wunderschöne Gartenleben
in Giebichenstein vergessen, noch die liebenswürdigen Menschen, die sich
hier zusammenfanden. Besonders in den Jahren 1804 und 1805".[19] Raumer
taucht nun ebenfalls in Arnims Pergamentband I auf, denn eine erweiterte
Fassung des Wort-Ton-Gedichts ist – neben der Überschrift „Das Wort" – als
„An Raumer" gewidmet bezeichnet.[20] Vermutlich erbat sich dieser Arnims
Gedicht, das er in einer Reinschrift bekommen haben dürfte. Das Gedicht
beginnt in dieser Fassung:

> Du trägst mich fort
> Mein lieber Sohn,
> Du schwaches Wort
> Auf starkem Ton.

Arnims Lied war damit wieder in den Kreis gelangt, der ihm seit 1803 für
seine „Liederbrüder" vorschwebte. Nachdem es in der früheren Fassung
von Reichardt nicht als Mottogedicht für seine „Troubadour"-Sammlung gebraucht worden war, strich Arnim die vorübergehende Überschrift aus. Der
erste Eintrag in den Pergamentband I bekam nun eine neue Funktion: Das
Lied dürfte als „Inschrift" für die „Lieder der Liederbrüder" gedacht worden
sein. Da die erhoffte Sammlung – anders als das „Wunderhorn" – neben den
Texten auch Melodien enthalten sollte, war es dafür besonders geeignet, denn
es drückt in bescheidenen Worten die Wahrheit „Prima la musica, poi le pa-
role" aus.[21]

---

18 Amor der Tintenjunge. Ein Liebesgedicht Achim von Arnims für Friederike Reichardt. In: *Neue Zeitung für Einsiedler*, 12./13. Jg. 2011/12, Weimar 2014, S. 11–18. Moering, Farben, S. 186f.
19 Karl von Raumer's Leben von ihm selbst erzählt. Stuttgart 1866, S. 46–49. Raumer
erwähnt auch Arnim (S. 49). Er heiratete Friederike Reichardt 1811.
20 Nr. 116, Blatt 89v. An vier Strophen werden zwei weitere angefügt.
21 Sprichwörtlich nach dem „Divertimento teatrale" dieses Titels von Antonio Salieri.

Barbara Becker-Cantarino

Politische Romantik und soziale Frage.
Zum Interesse der Transzendentalisten in Boston an Bettina von Arnim (1785–1859)

1844 bezeichnete der bei Boston lebende Philosoph und Schriftsteller Ralph Waldo Emerson (1803–1882) Bettina von Arnim mit kritischer Würdigung als jene „eminent lady, who in the silence of Tieck and Schelling, seems to hold a monopoly of genius in Germany," als Erbin der verstummenden Romantik in Deutschland.[1] Emerson verglich Bettina von Arnim in Berlin mit den prominenten literarischen Französinnen seiner Zeit wie George Sand und Madame de Staël: „She [Bettina von Arnim] is a finer genius than George Sand or Mme. De Stael, more real than either, more witty, as profound, & greatly more readable. And where shall we find another woman to compare her with."[2] Emerson war beeindruckt von Bettinas Begeisterung für Goethe und von der Resonanz auf Bettinas *Goethe's Briefwechsel mit einem Kinde* (1835). Emerson war Mittelpunkt eines intellektuellen Zirkels in Concord und Boston, der sich mit zeitgenössischer Philosophie, Kultur und Literatur beschäftigte. Emerson und die Teilnehmer an den Gesprächen wurden wegen ihrer Vorliebe für die Transzendentalphilosophie[3] des deutschen Idealismus (besonders Kant, Fichte und Schelling) verächtlich als „transcendentalists" bezeichnet, ihre unkonventionelle, ästhetisch und intellektuell anspruchsvolle Zeitschrift *The Dial* (1840–1844) erntete sarkastische Rezensionen wie „a wild raving, mixed up of German metaphysics and coarse infidelity – the whole served up in a style turgid and affected" (hochtrabend und gekünstelt).[4] Wer waren diese Transzendentalisten, welche Rolle spielten sie in Boston, und Neuengland? Warum interessierten sie sich für Betina von Arnim, und was

---

1 Zitiert nach Konstanze Bäumer: Margaret Fuller (1810–1850) and Bettina von Arnim. An Encounter between American Transcendentalism and German Romanticism. In: *Jb BvA* 4 (1990), 47–69, hier S. 48.
2 Ebd.
3 Die Bezeichnung „Transzendentalphilosophie" fußt maßgeblich auf Kants *Kritik der reinen Vernunft* (1781/²1787). Kant bezog „transzendent" und „transzendental" auf die Möglichkeit von Erkenntnis. Kant definierte die Transzendentalphilosophie als ein System von Begriffen, das die Möglichkeit, von Gegenständen etwas „a priori" zu erkennen, zum Gegenstand hat.
4 Rezension in *Cincinnati Daily Chronicle*, zit. nach Charles Capper: *Margaret Fuller: An American Romantic Life*. Bd. 2: *The Public Years*. Oxford UP 2008, S. 3.

faszinierte sie an Bettina, an Bettinas literarischen Werk und ihrer Person? Was war das Verbindende und an welchen Zeitströmungen des 19. Jahrhunderts nahmen sie teil? Meine Fragen zielen hier nicht primär auf literarischen Einfluss, sondern auf Kulturtransfer, auf die Gedanken aus der deutschen Romantik, die von dem Zirkel einflussreicher Intellektueller in Boston und näherer Umgebung aufgegriffen und diskutiert wurden. Dabei versuchen meine Ausführungen einen Vergleich der kulturpolitischen Interessen und Ansichten, die der Zirkel der Transzendentalisten in Boston in dem jungen amerikanischen Staat mit der deutschen Autorin des Vormärz in der aufstrebenden Metropole Berlin verbunden hat. Es sind kulturhistorische Parallelen zwischen Preußen in Deutschland und Neuengland in Nordamerika. In den 1830er und 1840er Jahren waren beide, der Zirkel der Transzendentalisten in Boston und Bettina von Arnim in Berlin damit beschäftigt, die urbane Kultur, in der sie lebten, zu überdenken und mit romantisch-politischen Gedanken kreativ neu zu gestalten. Ideen und Lebensformen aus der englischen, französischen und deutschen Romantik inspirierten zu einer kritischen Sichtung ihres Lebens und ihrer Umgebung.

Die amerikanischen Transzendentalisten entwickelten eine für ihre Zeit unkonventionelle Kulturphilosophie, eine eklektische Mischung aus deutschem Idealismus (Kant, Fichte, Schleiermacher, Schelling, Herder) und Romantik, aus Einflüssen der englischen Romantik und mystischen Vorstellungen aus orientalisch-indischen Philosophien. Ihre Gesprächsrunden im Raum Boston (Concord, dem sog. Transcendental oder Hedge Club) über philosophische, religiöse und literarische Fragen wandten sich gegen theologischen Dogmatismus, Rationalismus und Nützlichkeitsdenken. Es war eine lose, durch gemeinsame intellektuelle Interessen verbundene Gruppe von Akademikern, zumeist Geistlichen, Lehrern und Literaten, die alle im frühen 19. Jahrhundert geboren und zumeist als Studenten oder deren Familienangehörige an der Divinity School des nahe gelegenen Harvard College[5] studiert hatten, dem Zentrum der calvinistisch-puritanischen Tradition. Sie waren zumeist Unitarier (Mitglieder einer humanistisch geprägten Religionsgemeinschaft, die aus

---

5 Das für die Ausbildung von Geistlichen 1636 gegründete Harvard College wurde 1780 von der Massachussetts Constitution als Universität anerkannt, erhielt 1782 eine medizinische und 1817 eine juristische Fakultät. Die Divinity School wurde 1816 organisiert als Sitz der Geisteswissenschaften mit beträchtlichem deutschen Einfluss: der Theologe Edward Everett (1794–1865) promovierte in Theologie in Göttingen 1817; der Jurist Charles Theodor Christian Follen (1796–1840) stammte aus Hessen, hatte in Gießen 1817 promoviert, in Jena und Basel gelehrt, war liberaler Burschenschaftler und wanderte 1824 in die USA aus und erhielt (durch Beziehungen) die Professur für Deutsch in Harvard 1830–35, wurde als Abolitionist (für die Sklavenbefreiung) entlassen, dann ordiniert als Presbyterianer in New York tätig. Besonders die Theologen und Geisteswissenschaftler waren vom Studium in Deutschland beeinflusst; s. Annette G. Aubert: *The German Roots of Nineteenth-Century American Theology*. Oxford UP 2013.

der radikalen Reformation hervorgegangen war, eine Christengemeinschaft, die die Trinitätslehre und Göttlichkeit Jesu ablehnte). Gegen tonangebenden Theologen in Harvard und gegen die kulturelle Führungsschicht Bostons entwickelten sich die Transzendentalisten zu einer kulturkritischen Gegenbewegung. Die Führungsschicht in Boston, die sog. „Brahminen", blickte nostalgisch auf die große Tradition der Pilgerväter, der Gründergeneration Neuenglands zurück, von denen sie ihre Abstammung herleiteten und pflegte die Erinnerung an die Revolution gegen die Kolonialmacht England im 18. Jahrhundert.[6] Dagegen blickten die Transzendentalisten auf das nach-Napoleonische, national-liberale Europa, das sie zumeist auf Reisen durch England, Frankreich und Deutschland und durch deren Literatur und Philosophie kennengelernt hatten. Reiseberichte und Briefe sollten Informationen über andere Länder und die europäische Aristokratie vermitteln; ca. 2 000 Berichte über Europa-Reisen wurden im 19. Jahrhundert in den USA veröffentlicht.[7]

Zu den einflussreichsten Transzendentalisten mit Blick auf Deutschland gehörte der an der Harvard Divinity School ausgebildete Unitarier Ralph Waldo Emerson. Er stammte aus einem Pfarrhaus, studierte in Harvard Theologie und wurde 1827 als Hilfs-Pastor der Unitarian Second Church of Boston der Unitarier angestellt; gab nach dem Tod seiner Frau seine Stelle auf und machte eine Europareise 1832–33. Er besuchte die englischen Romantiker (Wordsworth, Coleridge) und freundete sich besonders mit Thomas Carlyle an, dem Vermittler von Goethe, Schiller und deutscher Literatur in England. Emerson lernte daraufhin Deutsch – er soll alle 55 Bände (!) der Goethe-Ausgabe gelesen haben – jedenfalls brachte er die Goethe-Ausgabe und das Interesse für die deutsche Literatur und Philosophie zurück nach Boston, wie auch andere Deutschland-Reisende seiner Generation. Dort kehrte er nicht in seinen Beruf als Prediger zurück, sondern wurde Schriftsteller und Kulturphilosoph. 1833 hatte auch der Bundesstaat von Massachusetts als einer der letzten die Trennung von Kirche und Staat vollzogen (in Rhode Island galt Religionsfreiheit schon seit 1643), so konnte Emerson sein erstes Buch *Nature* publizieren, allerdings anonym. Mit Emersons programmatischer Pu-

---

6 Das akademische und gesellschaftliche Establishment feierte die patriotischen, eher hausbackenen Autoren wie die „Fireside Poets" (die am Kamin im Familienkreis vorgelesen wurden), etwa Longfellow, der Dichter von *Paul Revere's Ride* – ein Gedicht, das alle Schulkinder auswendig lernen mussten, ähnlich wie Schillers *Die Glocke* in Deutschland. Henry Wadsworth Longfellow (1807–1882), verfasste 1860 zu Beginn des Bürgerkrieges den patriotischen Aufruf an den Norden zur Verteidigung der Union: Paul Revere's Ride: „Listen, my children, and you shall here// Of the midnight ride of Paul Revere// on the eighteenth of April, in Seventy-Five:// Hardly a man is now alive // Who remembers that famous day and year."
7 Gisela Mettele und Thomas Adam (Hrsg.): *Two Boston Brahmins in Goethe's Germany. The Travel Journals of Anna and George Ticknor*, Lanham MD: Lexington, 2009, Einleitung, S. 1–3.

blikation seines Essays *Nature* (1836) und dem Beginn seiner Gesprächsrunden in Boston, zu denen auch einige Frauen eingeladen wurden.[8] Emerson entwickelte in *Nature* die auch in der Romantik verbreitete Vorstellung, dass Menschen im Einklang mit der Natur leben sollten. Sein Motto erschien auf dem Titelblatt: „Nature is but an image or imitation of wisdom, the last thing of the soul; nature being a thing which doth only do, but not know."[9] Emerson führte aus, dass die Natur die wahre Quelle der göttlichen Offenbarung sei und dass die kreative Tätigkeit des Menschen für eine grundlegende Erneuerung und Quelle der Freiheit und Selbstbestimmung des Individuums wichtig sei: „Build, therefore your own world". (Baue deshalb deine Welt)[10] Emerson entwickelte die transzendentale Triade – Selbst, Natur, Überseele: „self, nature, oversoul"; diese Gedanken brachten ihn in Konflikt mit den zumeist puritanisch-calvinistisch orientierten Theologen in Neuengland.[11]

Emerson betreute Margaret Fuller (1810–1850) mit der Herausgabe einer eigenen Zeitschrift *The Dial*, die viermal jährlich als Diskussionsforum für den Club der Transzendentalisten erscheinen sollte, als andere einflussreiche Magazine wie *The Christian Examiner* und *The North American Review* deren Publikationen des sog. Hedge Club (nach dem tonangebenden germanophilen Transzendentalisten Hedge[12] benannt) ablehnten. Die Herausgeberin Margaret Fuller betonte in den von ihr betreuten Nummern des *Dial* (1840–42) die deutsche Literatur, die Romantiker und Goethe, Emerson folgte ihr als Herausgeber 1842; Emerson war dann mehr an kulturphilosophischen

---

8 Zu den Gesprächsrunden gehörten neben Emerson u.a. Frederic Henry Hedge, George Putnam, George Ripley, später Henry David Thoreau. Eingeladen waren zunächst nur drei Frauen, die hochbegabte Margaret Fuller als Sekretärin, die mit (einem Bruder Emersons) verlobte Elizabeth Hoar und die Ehefrau Sarah Ripley.

9 Nature. Boston: James Munroe and Company: 1836, Digitalisat: https://archive.org/ stream/naturemunroe00emerrich#page/n5/mode/2up.

10 Die Natur: Ein Essay von Ralph Waldo Emerson. Aus dem Englischen von Adolph Holtermann. Hannover 1868, S. 59. http://reader.digitale-sammlungen.de/de/ fs1/object/display/bsb10130959_00067.html; dt. Ausgabe übers. von Harald Kiczka, Schaffhausen 1981; von Manfred Pütz, Natur: ausgewählte Essays, Reclam 1982.

11 1837 begann Emerson eine Vortragsreihen, zunächst vor dem *Masonic Temple* (Freimaurer Loge) in Boston (*The American Scholar,* 1837) und an der Harvard Divinity School (der Abschluss-Klasse von 1838), worin Emerson den biblischen Wunderglauben ablehnte und vom historischen Christentum behauptete, es habe Jesus zu einer Art von Halbgott gemacht, ähnlich wie Orientalen oder die Griechen Osiris oder Apoll verehrten. Damit war der Bruch mit den tonangebenden Theologen vollzogen, Emerson wurde nicht wieder zu Vorträgen in Harvard eingeladen (erst als er berühmt war, erhielt er 30 Jahre später die Ehrendoktorwürde).

12 Frederic Henry Hedge (1805–1890) war Prediger der Unitarier, dann Theologieprofessor in Harvard ab 1858, einer der frühen Interessenten für deutsche Literatur, sein *The Prose Writers of Germany* (1848) enthält Auszüge und biographische Portraits der deutschen Klassiker und Romantiker. Hedge war mit Emerson und Fuller befreundet.

und sozialkritischen Beiträgen in den von ihm herausgegebenen Jahrgängen 1842–44 interessiert. Schon im April 1844 wurde *The Dial* mit dem 4. Jahrgang eingestellt, da es finanzielle Schwierigkeiten mit dem Verlag in Boston, der bankrottging, gab und die Resonanz bei der Leserschaft zu gering, bez. es zu wenige Abonnenten (nur ca. 300) gab.

Margaret Fuller wurde die wohl wichtigste Vermittlerin der deutschen Romantik. Sie war von ihrem Vater, einem Anwalt und Kongressabgeordneten gefördert worden, besuchte diverse Mädchenschulen in Boston, wurde nach dem frühen Tod ihres Vaters (1835) Lehrerin an der *Temple School* (von Amos Branson Alcott, wo auch Elizabeth Palmer Peabody lehrte), dann in Providence, Rhode Island, um ihre jüngeren Geschwister versorgen zu können. Ihren Bruder Arthur Buckminster Fuller (1822–1862) bereitete sie auf das Theologie-Studium für die Harvard Divinity School vor. Sie hatte sich autodidaktisch mit der Weltliteratur beschäftigt und die deutschen Klassiker gemeinsam mit einem entfernten Verwandten, James Freeman Clarke (1810–1888)[13] gelesen, der ihr als Harvard-Student Bücher aus der Bibliothek besorgte, wozu sie auch deutsch *sehr gut* lernte. Clarke hatte Fuller mit Emerson und den Transzendentalisten bekannt machte.[14] Nach ihren mehrmonatigen Reisen zu den Great Lakes publizierte Fuller ihren Bericht als *Summer on the Lakes* (1843), das ähnlich wie Bettinas Briefbücher Reise- und Naturbeobachtungen, Sketches, Episoden und soziale Kritik nebeneinander enthielt, denn Fuller hatte auch Eindrücke zum ungelösten Problem der benachteiligten indigenen Einwohner gesammelt.

Bereits 1836 hatte Fuller ihren ersten Essay über zeitgenössische deutsche Literatur in einer Besprechung von Heinrich Heines *Die romantische Schule* unter dem Titel „The Present State of German Literature" (in der kurzlebigen Zeitschrift *The American Monthly Magazine*) 1836 veröffentlicht. Sie widmete sich der deutschen Romantik, die das Gefühl, die Intuition und das innere Leben betone und ein Gegengewicht zum Nützlichkeitsdenken der amerikanischen und englischen darstelle.[15] Fuller begann mit Übersetzungen aus

---

13 Fullers Beziehung zu Clarke endete 1844, mit dem sie 1843 eine mehrmonatige Reise zu den Great Lakes gemacht hatte. Fuller durchlebte Depressionen nach der Trennung von Clarke; ihre Arbeit an „Woman in the Nineteenth Century" und ihre Anstellung als Korrespondent für Literatur an der neugegründeten New York Tribune halfen ihr darüber hinweg.

14 Fullers Beziehung zu Clarke endete 1844, mit dem sie 1843 eine mehrmonatige Reise zu den Great Lakes gemacht hatte. Fuller durchlebte Depressionen nach der Trennung von Clarke; ihre Arbeit an „Woman in the Nineteenth Century" und ihre Anstellung als Korrespondent für Literatur an der neugegründeten New York Tribune 1845 halfen ihr darüber hinweg.

15 Christel-Maria Maas: *Margaret Fullers transnationales Projekt. Selbstbildung, feminine Kultur und amerikanische Nationalliteratur nach deutschem Vorbild.* Universitätsverlag Göttingen, Göttingen 2006, S. 45, Diss. Göttingen, 2004; Volltext als PDF.

dem Deutschen; 1839 konnte sie ihre englische Übersetzung von *Eckermanns Gespräche mit Goethe (Goethe's Conversations with Eckermann)* mit Emersons Hilfe publizieren.[16] Besonders der erst kürzlich – 1832 – verstorbene Goethe, sein Werk und mehr noch sein Leben erregten großes Interesse. Emerson hatte zwar noch 1834 über *Faust I* geurteilt: „The Puritan in me accepts no apology for bad morals such as his [Goethes]" [Der Puritaner in mir findet keine Entschuldigung für sein schlechtes Benehmen][17], aber eine neue Welle des Interesses für Goethe wurde nach Goethes Tod 1832 und von Bettina von Arnims *Goethe's Briefwechsel mit einem Kinde* (1835) ausgelöst, das als authentische Biografie gelesen und eine literarische Sensation geworden war. Bettinas *Goethe-Buch* zirkulierte im Frühjahr 1838 unter den Transzendentalisten und wurde kontrovers diskutiert. So etwa lehnte George Ticknor (1791–1871), der wie eine Reihe junger Männer aus Boston in Deutschland (Göttingen 1822–23) studiert hatte, Bettinas *Goethebuch* als „sentimental and indecent nonsense" aus moralischen Gründen ab, als er 1835 eine Deutschlandreise machte und in Dresden von dem Buch hörte, sich ein Exemplar besorgte, das er aber nicht zu Ende lesen konnte, wie er seinen Memoiren anvertraute.[18] Ticknor hatte seit seinem Deutschlandaufenthalt ausgezeichnete Deutschkenntnisse; im Mai 1836 lernte Ticknor dann in Berlin im Haus von Bettinas Schwager, dem Juristen, Staatsrat und späteren Justizminister Friedrich Karl von Savigny, Bettina persönlich kennen: „The Baroness von Arnheim [sic], who has recently published a most ridiculous book, containing sentimental correspondence, which, under the name of ‚Bettina', or ‚little betty', she carried on with Goethe when she was nearly forty years old and he above seventy representing herself in it as a little girl of fifteen desperately in love with him […] disgusting [….] nauseous galimatias" [ekelhafter Unsinn] und Ticknor notierte aber auch in seinem Tagebuch, das Buch „is all the rage with multitudes in Germany".[19] Trotz erster Ablehnung folgte eine Rezeption von Bettinas *Goethebuch*[20] im Zirkel der Transzendentalisten, die sich als idealische, intellektuelle, progressive Republikaner fühlten, wurde Betinas *Goethebuch*

---

16 Robert Richardson: *Emerson. The Mind on Fire*. Berkeley, CA 1996, S. 325.

17 Zit. nach Bäumer, Fuller, S. 49.

18 Zitiert nach Bäumer, Fuller, S. 48.

19 George S. Hillard (Hrsg.): *Life, Letters, and Journals of George Ticknor*. London 1876, Bd. 1, S. 500. Digitalisat: https://books.google.com/books?id=kOXySNs0ezcC&hl=en. Dazu auch Frank S. Ryder: *George Ticknor and Goethe –Boston and Göttingen*. In: PMLA 67, 7 (1952), 960–972.

20 Die Rezeption ist gründlich erforscht – wohl mehr aus Interesse an Goethe, als an Bettina – und wiederholt dargestellt worden, s. Hildegard Platzer Collins und Phillip Allison Shelley: The reception in England and America of Goethe's Correspondence with a Child. In: *Anglo-German and American-German Crosscurrents*. Chapel Hill, UNC Press 1957, Bd. 2, S. 97–174. (University of North Carolina Studies in Comparative Literature, 31).

diskutiert. Da die meisten Deutsch nicht gut genug lesen konnten, arrangierte Emerson, der sich für das Buch interessierte, eine amerikanische Ausgabe. Er verschaffte sich ein Exemplar der englischen Übersetzung[21] und besorgte die Ausgabe: *Goethe's Correspondence with a Child*. First American, from the London Edition (Lowell, MA: Bixby, 1841). Emerson widmete Goethe den letzten Essay in *Representative Men* (1850), wo er sechs „great men" vorstellte, darunter Plato als Philosophen, Shakespeare als „the poet" und Johann Wolfgang von Goethe als „the writer", der „quite domesticated in his century" ein Philosoph der Vielseitigkeit sei, der eine innere Wahrheit anstrebe.[22] Emerson schätzte Bettina als „a wise child with her wit, humor, will, and pure inspirations" und betrachtete, wie so viele Zeitgenossen, die Bettine-Figur in *Goethe's Briefwechsel mit einem Kinde* als authentisches Bild der Autorin Bettina von Arnim.[23]

In Boston wollte man mehr von der Autorin wissen. So ermunterte Emerson Margaret Fuller, an Bettina von Arnim zu schreiben, was Fuller dann (allerdings erst ein Jahr später) im November 1840 tat. Sie schickte Texte der Transzendentalisten, u.a. Emersons programmatischen Essay „Nature", an Bettina und betonte die Vertrautheit des Bostoner Kreises mit Bettinas Werk: „You have become so familiar in our thoughts. I write to you in the name of many men and many women of my country for whom you have wrought wonders"; Fuller wollte mehr über die Person Bettinas wissen: „We do not wish to hear street gossip about thee... Speak to us thyself".[24] Eine Antwort Bettinas auf Fullers Apell für weitere emotionale, persönliche Enthüllungen ist nicht bekannt, wohl aber ein späterer Brief von Bettinas Tochter, Gisela von Arnims an Emerson vom 9. Dezember 1859 als Dank für Emersons warme Worte zum Tod Bettinas. Gisela hatte zwei Bände ihrer Dramen an Emerson geschickt, Emerson bedankte sich für „this token from one of your name" (Brief vom 29. Juni 1859) und dann am 10. Juli 1859 an Gisela: „I mourned that I could not have earlier established my alliance with your circle, that I might have told her how much I and my friends owed her. Who had such motherwit? such sallies? such portraits? such suppression of commonplace?"[25] Bettinas emotionale, enthüllende Darstellung als „Kindfigur" in der Spiegelung

---

21 *Goethe's Correspondence with a Child*. London: Longman, Orne, Brown, Green, and Longmans, 1839. Hierzu: Werner Vordtriede: Bettinas englisches Wagnis. In: *Euphorion* 51 (1957), S. 271–294. Digitalisat nach Exemplar der Literary and Philosophical Society of Newcastle upon Tyne: https://www.hedweb.com/bgcharlton/bettina-goethe.html.
22 „Goethe, or the Writer". Digitalisat: https://en.wikisource.org/wiki/Representative_Men/Goethe;_or,_the_Writer.
23 Zitiert nach Platzer / Collins, The Reception, S. 150 (Anm. 20)
24 Bäumer, Fuller, S. 61–62.
25 *Correspondence between Ralph Waldo Emerson and Herman Grimm*. Hrsg. Frederick William Holls, Boston, New York: Houghton Mifflin 1903, S. 27, 45. Gisela von Arnim heiratete bald nach Bettinas Tod (Januar 1859) Wilhelm Grimm, den Sohn des

des großen Dichters faszinierte die Literaten im Transcendental Club, Bettinas unterschwellige Rebellion gegen religiöse und soziale Zwänge, ihre Liebe zur Natur, „pure love for nature" begeisterte Emerson.[26]

Margaret Fuller äußerte sich ausführlicher öffentlich in *The Dial* zu Bettinas *Goethebuch*. Sie fand Bettinas „German English of irresistible naiveté".[27] Und sie lobte „the exuberance and wild, youthful play of Bettine's genius [...] here was one whose only impulse was to *live* – to unfold and realize her nature [...] what she did by her position in society", das *Goethebuch* sei begrüßt worden „from those long fettered by custom, and crusted over by artificial tastes, with what joy was it greeted by those of free intellect and youthful eager heart". [28]Fuller sprach hier für die Transzendentalisten, die sich von Tradition, Sitte und Religion eingeengt fühlten und eine freiheitliche, selbstverantwortliche und naturzugewandte Lebensführung anstrebten.

Nach dieser Würdigung von Bettinas *Goethebuch* wandte sich Fuller jedoch ausdrücklich gegen Bettinas Idolisierung Goethes: Bettinas Beziehung zu Goethe sei nicht schön, sei zu nahe an religiösem Gottesdienst und Personenkult, das angebetete Idol erweise sich als grimmig und verständnislos: „The scene becomes as sad a farce as that of a Juggernaut[29], and all that is dignified in human nature lies crushed and sullied by one superstitious folly" (die ganze Szene der Anbetung werde zu einer traurigen Farce von einer Art Dampfwalze oder Koloss, die die Würde des Menschen überrolle und mit abergläubischer Torheit beschmutze) (*Dial* II, 314). Fuller kritisierte Bettinas Selbstdarstellung als „Kind", was nicht zu der Würde einer erwachsenen Frau passe, sie vermissste in Bettina „some conscious dignity of woman" (316), die Beziehung zu Goethe sei „too unequal" (315). Dagegen gereiche eine Bewunderung verbunden mit Selbstrespekt (nicht mit Stolz, sondern mit Hochachtung der eigenen Seele, die die gleiche Bestimmung habe wie die eines anderen Menschen) ebenso zur Ehrung des Verehrten wie des Verehrers. Goethe sei so kalt, so zurückweisend, so diplomatisch und höflich bemüht sich nicht zu kompromittieren (nicht aus sich herauszugehen). Fuller sah darin „an air of an elderly guardian flirting cautiously [...] with a giddy, inexperienced ward, or a Father confessor, who [...].uses it to gratify his curiosity."(316) Fuller spricht hier wichtige Aspekte der zeitgenössischen (religiösen) Diskussion über Menschenwürde, Gleichheit, Verehrung, Gottesdienst und Selbstwert an.

(mit Bettina seit den 1840er Jahren verfeindeten) Jacob Grimm; Wilhelm hatte 1856 einen Briefwechsel mit Emerson angefangen.

26 Zit. nach Bäumer, Fuller, S. 52.

27 *The Dial* II, 1841, S. 134.

28 „Bettina and Her Friend Günderrode", *The Dial* II, 1842, S. 313.

29 Juggernaut war literarisches Modewort Mitte des 19. Jahrhunderts, ursprünglich „a huge waggon bearing a Hindu god" nach einem indischen Tempel anglisiert, bezeichnete blinde Devotion, erbarmungsloses Opfer, wurde u. a. so gebraucht von Longfellow, Dickens, oder Jane Eyre.

Diese Kritik an Bettinas *Goethebuch* hatte Fuller zum Ausgangspunkt ihres Essays „Bettine Brentano and Her Fried Günderode"[30] genommen, da Fuller in Bettina von Arnims *Die Günderode*, das gerade 1840 erschienen war, ihre eigenen Gedanken darlegen konnte.[31] Fuller sah in der Freundschaft der beiden Frauenfiguren, von Bettina und Karoline, ein Ideal von Gleichheit und gegenseitiger Ergänzung verwirklicht. Für Fuller bedeuteten die beiden Freundinnen – der Bettina- und der Karoline-Figur – eine Repräsentation von Natur (die ihre Vitalität aus der Erde, Tieren und Pflanzen erhält) und ein ideales Bild von Menschlichkeit (Würde, Harmonie, Genie, Lebensgefühl, Kunst, Dichtung). In ihrem Tagebuch notierte Fuller: „Two girls are equal partners, and both in earnest. Goethe made a puppet show for his private entertainment of Bettina's life, and we feel he was not worthy of her homage"[32], die Darstellung der Frauenfreundschaft sei, nicht wie die männliche heroisch„ sondern „essentially poetic" (319).[33] Fuller betonte die romantische Gedanken- und Gefühlswelt in Bettinas *Günderodebuch* und betrachtete sie als Ausdruck der kulturellen Energien, die von Goethe, Kant und Schelling – den bewunderten Vertretern des Idealismus – ausgegangen seien: „These letters are interesting as representing [...] the high state of culture in Germany [...] This transfusion of such energies as are manifested in Goethe, Kant, and Schelling into these private lives is a creation worthy of our admiration" (320), „theirs was a true friendship" (322).

Bettinas *Günderodebuch* regte Margaret Fuller dazu an, ihre eigene Situation als Frau[34] und die der Frauen ihrer Generation zu überdenken. Fuller war

---

30 Im Sommer 1841 hatte Fuller ein Exemplar des Buches erhalten und bereits im Januar 1842 publizierte sie ihren Aufsatz „Bettine Brentano and Her Friend Günderode" in der Zeitschrift der Transzendentalisten, *The Dial* (January 1842, II, p. 313–357; Essay mit einer Teilübersetzung von *Die Günderode*. Digitalisat: http://books.google.com/books ?id=dj0AAAAAYAAJ&pg=PA313&source=gbs_toc_r&cad=3#v=onepage&q&f=false

31 Auch für dieses Buch hatte Bettina bekanntlich Briefe aus ihrer Jugendzeit kurz nach 1800, aus dem Briefwechsel mit ihrer Freundin und Dichterin Karoline von Günderrode (1780–1806) und Texten anderer Romantikern wie Bruder Clemens, Hölderlin und Novalis verarbeitet; die Günderrode hatte sich 1806 das Leben genommen und Bettinas einfühlsame, emotionale Darstellung ihrer Freundschaft rettete die Dichterin Günderrode aus der Vergessenheit.

32 Zit. nach Bäumer, Fuller, S. 55; Memoirs II,. P. 50.

33 Fullers Essay „Bettina Brentano and Günderode" war als Vorwort zu ihrer Übersetzung von *Die Günderode* bestimmt, die sie allerdings nicht zu Ende führte, da sie keinen Verleger dafür finden konnte. Eine vollständige Übersetzung wurde erst 1861 von Minna Wesselhoeft, Tochter des aus Weimar stammenden Homöopathen Robert Wesselhoeft, publiziert, die von Elisabeth Peabody dazu ermuntert worden war.

34 Fuller hatte auf mehr Anerkennung und literarische Hilfe von Emerson gehofft, zog 1844 als Korrespondentin für den Daily Telegraph nach New York, hatte 1846 eine Affäre mit James Nathan, einem aus Deutschland eingewanderten, jüdischen Banker ging 1845 auf Europareise und verlobte sich dort und starb 1888 in Hamburg; Nathans

eine ebenso kritische wie anempfindende Leserin, die ihre eigene Person als
Literatin, Frau und politisch-philosophisch interessierte Zeitgenossin besonders in der Figur der Karoline von Günderrode wiederfand: Poesie, Kunst,
Seelen-Freundschaft, literarische Geselligkeit, Schreiben, Kommunikation in
Briefen – aber auch die Beschränkungen als Frau und ihrer literarischen Interessen. Fullers epochale Schrift von 1845 *Woman in the Nineteenth Century*
greift gerade diese Themen wieder auf; zu diesem ersten feministischen Buch
in Amerika wählte Fuller ein Motto in deutscher Sprache, das Schillers Gedicht „Die Künstler" entlehnt war:

> Frei durch Vernunft, stark durch Gesetze,
> Durch Sanftmuth groß und reich durch Schätze,
> Die lange Zeit dein Busen dir verschwieg.

Fuller hat Schillers Bild des freien, vernunftgeleiteten, kreativen Künstler als
Motto für ihr Buch gewählt, aber sie hat Schillers *männliche* Kodierung des
Künstlers – „der reifste Sohn der Zeit [...] Herr der Natur" (in Zeile 6 und
10) – ausgelassen und Schillers Gedicht auf ihre eigenes Erwachen als Mensch
und Frau umgemünzt, ein Motto, das auch auf Bettina von Arnims Werdegang passen würde.[35] Ein Gedicht in *The Dial* sprach für die einfühlsame Bewunderung der Bostoner Leser*innen* für „Bettina" (die anonyme Autorin war
Caroline Sturgis Tappan[36]):

> Bettina
> Like an eagle proud and free,
> Here I sit high in the tree,
> Which rocks and swings with me,
> The wind through autumn leaves is rattling;
> The waves with the pebbly shore are battling;

Familie verkaufte Fullers Liebes-Briefe (trotz Protest der Fuller-Familie) für die Publikation: Howe, Julia Ward (Hrsg.): Love-Letters of Margaret Fuller 1845–1846. To
which are added the Remeniscenses of Ralph Waldo Emerson, Horace Greeley and
Charles Congdon. New York 1903. https://books.google.com/books?id=FgQZAAA
AYAAJ&pg=PA3&lpg=PA3&dq=James+Nathan+and+Margaret+Fuller&source=bl
&ots=O3zUP6omTF&sig=iqjyeyVweYn__ZxPBSKAoFtH5AM&hl=en&sa=X&ved=
0ahUKEwi1pcb3l4PQAhUpjVQKHaTZDjcQ6AEIPDAF#v=onepage&q=James%20
Nathan%20and%20Margaret%20Fuller&f=false
35 Bettina von Arnim war nicht an dem, was allerdings erst in den Jahrzehnten nach
ihrem Tod als „Frauenfrage" in der ersten deutschen feministischen Welle im 19. Jahrhundert diskutiert wurde: vgl. mein: Zur politischen Romantik: Bettina von Arnim,
die ‚Frauenfrage' und der ‚Feminismus'. In: Schultz, Hartwig (Hrsg.): „Die echte Politik muß Erfinderin sein". Beiträge eines Wiepersdorfer Kolloquiums zu Bettina von
Arnim. Berlin 1999, S. 21–44.
36 Caroline Sturgis Tappan (1819–1888); Dichterin, Freundin Margaret Fullers, Con-
fidante Emersons, mit dem sie einen Briefwechsel über Bettinas *Goethebuch* führte.

> Spirits of ocean,
> Spirits of air,
> All are in motion everywhere.
> You on the tame ground,
> Ever walking round and round,
> Little know what joy 'tis to be
> Rocked in the air by a mighty tree.
>
> A little brown bird sat on the stone,
> The sun shone thereon, but he was alone,
> Oh, pretty bird! Do you not weary
> Of this gay summer so long and dreary?
> The little bird opened his bright black eyes,
> And looked at me with great surprise;
> Then his joyous song burst forth to say –
> Weary! of what?– I can sing all day.
> C S T [Caroline Sturgis Tappan][37]

Bettina von Arnim wandte sich in den 1840er Jahren kultur-politischen Fragen zu[38] und veröffentlichte *Dies Buch gehört dem König* (1843), das bald kritische Würdigung bei Emerson fand. In ihrem *Königsbuch*, das sie dem Preußenkönig Friedrich Wilhelm IV. widmen durfte, stellte sie die Idee eines „Volkskönigs" vor, der von der Liebe seines Volkes getragen wird: „Das Volk ist die inspirierende Sinnengewalt seines Geistes".[39] Schon wenige Monate nach der deutschen Publikation veröffentlichte Emerson eine Rezension

---

37 *The Dial*, II, July 1841, S. 82. Digitalisat: http://books.google.com/books?id=dj0AA
AAAYAAJ&q=Arnim#v=onepage&q=Bettina&f=false.

38 Ihre kultur-politischen Aktivitäten begannen mit dem öffentlichen Eintreten für die von der Universität Göttingen relegierten Brüder Grimm, dazu gehörten ihr Einsatz für vom preußischen Staat und Zensur bedrängte Literaten wie Hoffman von Fallersleben, ihr weites Netzwerk von Künstlern und mit Jung-Hegelianern und Jungdeutschen in den 1840er Jahren, ihr Interesse an progressiven Intellektuellen (Bruno Bauer, Karl Marx, David Strauß), ihre Ansichten zum Pauperismus und politischen Verfassung ließen zu prominenten Stimme im Vormärz in Berlin und Preußen werden; zuletzt ausführlich dazu die große Studie: Ulrike Landfester: Selbstsorge als Staatskunst. Bettine von Arnims politisches Werk. Würzburg 2000 (Stiftung für Romantikforschung, 8).

39 *Dies Buch gehört dem König*. Berlin: E. H. Schröder,1843, S. 432. Auch die Szenerie dieses Buches ist in die Romantik um 1807 zurückverlegt, Bettina sitzt als Kind bei Goethes Mutter und bringt in fiktiven Gesprächen Religions-, Sozial- und Politikkritik an Preußen als Stimme des Volkes vor, eine bilder- und anspielungsreich verschleierte Poetisierung eines Idealstaates unter einem Fürsten. Viel brisanter war jedoch eine Sozialreportage über die Armen in Berlin im Norden unter der Rubrik „Erfahrungen eines jungen Schweizers im Vogtland"; hierzu u.a. mein: Die Idee vom Volkskönig: Zu Bettina von Arnims Transformation romantischer Konzepte in *Dies Buch gehört dem König*.

von Bettinas *Dies Buch gehört dem König* bereits im Oktober 1843 und stellte als aufmerksamer, kritischer Leser die wichtigsten Aspekte des Buches vor. Mit feiner Ironie machte Emerson zunächst der Autorin ein Kompliment und charakterisierte treffend die literarische Form des *Königsbuches*: „Her genius shines so unmistakeably out of every line, partly because this work refers so directly to her earlier writings, and appears only as an enlargement of them […] Bettina, or we should say Frau von Arnim, exhibits her excentric wisdom under the person of Goethe's Mother, the Frau Rath, whilst she herself is still a child, who, (1807), sits upon ‚the shawl'⁴⁰ at the foot of the Frau Rath, and listens devoutly to the gifted mother of the great poet […] she solely propounds her views". (*Dial* 1843, S. 268)⁴¹ Emerson wies auf Bettinas neueste philosophische Gedanken („speculations") hin, die mit poetischem Gewand und humorigem Frankfurter Dialekt gewürzt seien, um sie schmackhaft („palatable") zu machen. Emerson sah als Schlüsselkonzept einen ungezähmten Drang nach Freiheit und übersetzte paraphrasierend:

> „It is Feedom which constitutes the truest being of man. Man should be free from all traditions, from all prejudices […]. The God's impulse to truth is the only right belief. […] By sin she understands that which derogates from the soul, since every hindrance and constraint interrupts the Becoming of the soul. […] art and science have only the destination to make free what is bound. But the human spirit can rule all and in that sense, […] ‚man is God, only we have not arrived so far as to describe the true pure Man in us.' If, in the department of religion, this principle leads to the overthrow of the whole historical Christendom, so in the political world. It leads to the ruin of all our actual governments." (S. 268)

Emersons Zuspitzung der Ideen Bettinas aus religiöser Perspektive grenzte jedoch an Parodie und erwies ihre Gedanken als theologisch unhaltbar und für die als Unitarier ausgebildeten Transzendentalisten sogar als blasphemisch: „Man is god", was Emerson dann sarkastisch abmilderte: „Only we have not arrived so far as to describe the true pure man in us".(268) Emerson erwähnt zustimmend Bettinas Kritik an den Bürokraten im Staate, an der Verfolgung der „Dämagogen", an der Behandlung von Gefangenen, am Elend in der Armenkolonie und Kritik an der Armenfürsorge. Emerson kommentierte:

In: Auerochs, Bernd u. Dirk von Petersdorff (Hrsg.):*Einheit der Romantik? Zur Transformation frühromantischer Konzepte im 19. Jahrhundert.* Paderborn 2009, S. 67–80.
40 „Shawl" ist ein Missverständnis des von Bettina beutzten Frankfurter Ausdrucks „Schawell" = Schemel.
41 *The Dial*, October 1843, IV, 2, [Emerson] A Letter * We translate the following extract from the Berlin Correspondence of the *Deutsche Schnellpost.* S. 267–70: Digitalisat: https://books.google.com/books?id=VnsAAAAAYAAJ&pg=PA257&source=gbs_toc_r&cad=3#v=onepage&q&f=false. Seitenangaben im Text.

„But in order also to show practically the truth of her assertions, that the present state does not fulfil its duties especially to the poorest class, at the close of the book are inserted, ,Experiences of a young Swiss in Voigtland.'[42] This person visited the so-called Family-houses, which compose a colony of extremest poverty. There he went into many chambers, listened to the history of the life, still oftener to the history of the day, of the inhabitants; informed himself of their merit and their wants, and comes to the gloomiest results. The hard reproaches, which were made against the Overseers of the Poor, appear unhappily only too well founded."

Im Politischen verlange Bettina einen starken Reformer, leider sei der von ihr als Befreier genannte Napoleon zum Unterdrücker geworden, um dann Bettinas romantischen Königsglauben als weltfremd und unrealisierbar abzulehnen:[43]

„Where remains the Regent, if it is not the genius of humanity? that is the Executive principle, in her system. The state has the same will, the same conscience-voice for good and evil as the Christ; yet it crumbles itself away into dogmaticalness of civil officers against one another. The transgressor is the state's own transgression! the proof that it, as man, has trespassed against humanity. The old state's doctors, who excite it to a will, are also its disease."

Emerson lehnte die Poetisierung ab, als „excentric wisdom", die Autorin „looses her way in pure philosophical hypotheses". Emerson distanzierte sich von den romantischen Träumen und Spekulationen, den Vorstellungen eines Regenten aus dem Genius des Volkes.

„The highflying idealism, which Frau von Arnim cherishes, flounders and must flounder against the actuality which, as opposed to her imagination, she holds for absolute nothing. So reality, with her, always converts itself to spectres, whilst these dreams are to her the only reality. In our opinion an energetic thorough experiment for the realizations of her ideas would plunge us in a deeper misery than we at present have to deplore." (269)

Das Konzept eines Volkskönigs war bei den republikanisch gesinnten Transzendentalisten nicht diskutabel. Der gemeinschaftsbewusste Emerson betonte jedoch, dass der (preußische) Staat seinen Verpflichtungen nicht nachkomme, aber er ging nicht weiter auf die urbane Armut ein. 1843 waren konkrete soziale Fragen wie Pauperismus in Berlin und Abolitionismus (Sklavenbefreiung) in Boston noch zu heikel, wurden dann aber wenige Jahre später öffentlich

---

42 „Die Erfahrungen eines jungen Schweizers im Vogtlande", den kurzen Anhang des *Königsbuches* mit Materialien über die erschreckende Armut im Berliner Unterschichtenviertel Vogtland.

43 *The Dial*, October 1843, IV, 2, p. 267–70.

diskutierbar. Emersons Resonanz auf Bettina von Arnims *Königsbuch* war eine wohlwollend-ironische Rezeption, aber es ist keine intellektuelle Replik. Vielleicht war auch der Ruf Bettinas als exzentrische Persona und ihr Status als Frau ohne Amt nicht dazu geeignet, ihre unsystematisch vorgebrachten politischen Ideen ernst zu nehmen – eher war sie als prominente, aristokratische Berühmtheit unter den Berliner Intellektuellen interessant.

Bettina von Arnim blieb als Person eine Attraktion in Berlin für progressive amerikanische Deutschlandreisende. Auch der Bericht eines anderen Transzendentalisten zeigt ein ähnlich reserviert-ironisches Interesse. Theodore Parker (1810–1860), der ebenfalls an der Harvard Divinity School studierte und sich für deutsche Theologie interessierte, später als liberaler Prediger und Abolitionist in Boston tätig war, besuchte im Mai 1844 Berlin und Bettina. Parker notierte in seinem Tagebuch: „A little woman, about sixty. She must have been handsome; her face full of expression, her smile beautiful. Hand quite long, only the nails were long and dirty; her attire shabby, the room a little disarranged."[44] Parker betrachtete Bettina zunächst kritisch als alternde Frau, berichtete dann darüber, was Bettinas erzählt hatte[45] und bemerkte: „She spoke with great freedom about the King[…]. She thinks him a tyrant; spoke of affairs in Silesia: said that 70,000 men there were suffering for want, almost in a state of famishing. Still there was bread enough in the land".[46] Parker enthielt sich eines direkten Kommentars, seinem Bericht nach war Bettina die beständig Redende, die dann einige Seiten aus ihrem nächsten Buch über Schlesien vorlas, das Parker als ein Nebeneinander von biblischer Paradies-Geschichte und zeitgenössischer Regierung verstand: „She tells me how the serpent has come in [to the Paradise]: the *Schlangenmutter* (namely, the Government), and the *Schlangenbrud* (namely, the officials); that the *Menschenmutter* has eaten the apple, and hence the *Menschenbrud* are in sad condtion." (352) Der amerikanische Besucher Parker schien von Bettinas fantasievoller Mischung von Bibel und sozialer Realität unbeeindruckt gewesen zu sein, er kommentierte am Ende trocken und leicht sarkastisch: „How the government will welcome such a book it is not difficult to see." Die amerikanischen Besucher bewunderten und wunderten sich über Bettinas Fantasie, ihren Mut, ihre Beredsamkeit; sie wirkte interessant und anregend, aber ihre unsystematische, eklektische Poetisierung und ihre romantische Idee vom Volkskönig eignete sich nicht für eine intellektuelle Auseinandersetzung in der schriftlichen Wahrnehmung bei den Transzendentalisten. Dennoch war

---

44 Theodore Parker. *Recollections of Seventy Years*. Hrsg. von F.B. Sanborn. Boston: Badger 1909, Bd. 2: Literary Life, S. 550–552.

45 Parker berichtete, Bettina habe über ihre Briefbücher und deren Kritiken, die sie erhalten bzw. gesammelt hatte, gesprochen, dann über ihre gerade erschienene Briefsammlung *Clemens Brentanos Frühlingskranz* und habe ein weiteres Buch angekündigt.

46 Parker, Recollections, S. 552.

ihr Anregungspotential bei den Intellektuellen in Boston beträchtlich, auch wenn sie eigentlich keine Ideengeberin war. Was die Transzendentalisten an Bettina von Arnim als ‚Genie', als noch lebende Vertreterin der Romantik interessierte war zunächst einmal die Gefühls- und Gedankenwelt, die sie in ihren Briefbüchern zu Goethe und Karoline von Günderrode dargestellt hat. Besonders die Frauen des Kreises lasen diese beiden Briefbücher zur Verständigung über ihre eigene Situation, Margaret Fuller erhielt bedeutende Anstöße zu ihrer feministischen Schrift und ihrer selbständigen Lebensgestaltung, als sie sich von Emersons Kreis trennte. Bettina von Arnims politisch-soziale Ansichten, die sie in *Dies Buch gehört dem König* (1843) kritisch verarbeitet hat, trafen auf wenig Verständnis in Boston. Die Transzendentalisten übten Kulturkritik und wollten seit Mitte der 1830er Jahre ihre Welt neu mit Blick auf die (für sie jung erscheinende) romantische Kultur und Philosophie besonders Englands *und* Deutschland des frühen 19. Jahrhundert gestalten.[47] Es war eine geschichtliche Neuorientierung der jungen intellektuellen Elite Neuenglands gegenüber der Tradition der puritanischen Gründungsväter, gegen materialistisches und übertrieben rationalistisches Denken. Die Transzendentalisten traten für eine freiheitliche, selbstverantwortliche und naturzugewandte Lebensführung ein,[48] diese prägten das Selbstbild der jungen Nation der Vereinigten Staaten und propagierten politisch-liberale und progressive Ideen. In einer Art euphorischer Aufbruchsstimmung der jungen Nation wurde die *American Newness*[49] als neuer Raum ausgelotet. Die Transzendentalisten gehörten zur Elite der Stadt, (nicht zu den sog. Boston Brahmins, den Traditionalisten), sie waren gebildet, urban, wohlhabend, tonangebend in Neuengland, einflussreich an der Ostküste. Diese Elite war an Kunst, Kultur und Bildung interessiert, hatte religiöse und ethische Werte, war selbstbewusst, fühlte sich als verantwortliche Führungsschicht mit ausgeprägtem Gemeinsinn für ihre Mitglieder. Die anfangs als esoterisch betrachteten Transzendentalisten mit ihrer unkonventionellen Kulturphilosophie wurden zu einer wichtigen liberalen Strömung der

47 Alle kamen aus der Tradition der Unitarier, waren Freidenker, Rationalisten, gegen Wunderglauben und Offenbarungstheologie, eher tolerant und ökumenisch eingestellt.

48 Das intellektuelle und literarische Leitbild der Elite in Neuengland war natürlich England, daneben Frankreich; aber die jüngere Generation schaute auch, oft nach Europareisen oder Studienaufenthalten für die jungen Männer, auf Deutschland, besonders die an der Philosophie des Idealismus und der Literatur der Romantik interessierten Transzendentalisten.

49 Irving Howe: *Culture and Politics in the Age of Emerson*. Boston 1986. Howe zeigt, wie Emerson den Schiffbruch der Puritaner zu eine Art neuem Glauben entwickelt habe, sei für die Konstituierung des nationalen Selbstbildes und der kulturelle Identität wichtig gewesen, habe gegen reines Nützlichkeitsdenken und Selbstsorge den Gemeinschaftssinn, Unabhängigkeitsstreben und Gegenseitigkeit (communal ties) entwickelt.

amerikanischen Kulturgeschichte in einem intellektuellen und literarischen Spannungsfeld zwischen *mainstream culture* und *counter culture* gegen die Elite der Gründungsväter, woran maßgeblich herausragende Vertreter wie Emerson[50] und Margaret Fuller[51] beitrugen. Die Transzendentalisten traten wie die Romantiker für eine freiheitliche, selbstverantwortliche und naturzugewandte Lebensführung ein. Von den Transzendentalisten gingen wesentliche Impulse für die Sklavenbefreiung (Abolitionismus), die Entstehung der Frauenbewegung und der Naturschutzbewegung aus.

---

50 Emerson und fast alle Transzendentalisten wurden Republikaner (d.h. vergleichbar zu den europäischen Liberalen) und sie wurden Abolitionisten, d.h sie lieferten die philosophisch-sozialen Argumente für die Aufhebung der Sklaverei und unterstützten freigewordene oder geflüchtete Sklaven seit den 1830er Jahren, während die Anti-Sklaverei-Bewegung bis dahin zunächst nur mit dem religiösen Argument „slavery is sin" gearbeitet hatte.

51 Margaret Fuller geriet bei ihrem Europaaufenthalt als Korrespondentin für die Zeitung New York Tribune 1846 bis 1848 in die vorrevolutionären Unruhen, in Italien schloss sie sich den Anhängern der Römischen Republik an (ihr gemeinsamer Sohn mit Giovanni Angelo Marchese d'Ossoli, einem Anhänger Manzinis wurde im September 1848 geboren) und sie unterstützte die Revolutionäre während der Kämpfe durch ihre Arbeit im Krankenhaus, musste Rom nach der Niederlage verlassen und starb 1850 auf ihrer Rückreise bei einem Schiffbruch vor der Küste von New York. (Fire Island).

Yvonne Pietsch

Zur Semiotik der Waffen in Arnims *Schaubühne*

In Arnims 1813 erschienenen Dramensammlung *Schaubühne* ist Gewalt ein immer wiederkehrendes Thema: Es gibt ein Hauen und Stechen auf offener Bühne, es wird sich duelliert, Figuren werden geköpft oder massakriert, es wird mit Prügeln aufeinander losgegangen, Körper werden zerhackt und zerstückelt. – Es gibt die tapferen Krieger, die beherzt die Waffe ziehen, aber auch die unschuldigen Mordopfer, die sogar in einem Fall im Kochtopf landen. Es tritt der Henker auf, der keiner sein will, ein Geköpfter ersteht wieder auf von den Toten, und schließlich – am anderen Ende der Skala – finden sich die lustigen Figuren, die sich bereitwillig einige Prügel gefallen lassen und ebenso gerne welche austeilen. In all diesen Szenen spielen Waffen eine Rolle, sei es als Insignie der Herrschaft, als Zeichen von göttlicher Gerechtigkeit, der Erotik, der Abgrenzung vom Fremden oder als Ausdruck burlesker Vitalität. Welche semiotische Signifikanz dem Gebrauch von Waffen in der *Schaubühne* zukommt, soll im Folgenden näher beleuchtet werden. Waffen fungieren in der Dramensammlung nicht nur als bloße Requisiten, die Arnim ausschließlich aus dramaturgischen Gründen, also etwa für die Zuspitzung der Handlung oder – im Falle einer Fecht- oder Prügelszene – zur Unterhaltung bzw. Belustigung des Publikums in seine Stücke einbaut. Die Waffen sind nicht (ausschließlich) funktional, sie sind symbolisch. Mehr noch: In einigen der Dramen erweist sich der Gebrauch der Waffen als derart konstituierendes Handlungsmerkmal, dass man sie als Teil der poetologischen Reflexion innerhalb der Stücke werten könnte.

I. Waffen und eschatologisches Heilsversprechen: Die *Schaubühne* und Arnims Vision eines Volksganzen am Beispiel der *Vertreibung der Spanier aus Wesel*

Arnim begreift die *Schaubühne* als Sanierungskonzept für die eigene Gegenwart. Wie bereits in *Der Wintergarten* und in *Des Knaben Wunderhorn* ist es sein Ziel, durch die Adaption und grundlegende Neubearbeitung alter Texte zu einer ‚Einstimmung‘ der Bevölkerung im wahrsten Sinne des Wortes beizutragen, um für die Zukunft eine Reformierung des Gemeinwesens zu bewirken.[1] Für den gesellschaftlichen Verfall, für die nicht vorhandene allgemeine „Volksthätigkeit"[2] macht Arnim das Fehlen jeglicher sozialer Bindekräfte und die Ungeeintheit der gesellschaftlichen Schichten und Stände verantwortlich. Bezogen auf Sprache und Kultur als dem Territorium des Schriftstellers richtet sich seine Kritik gegen eine Politik, die sich der Verpflichtung entzieht, allgemeine Anschauungen zu formulieren.[3] So prangert Arnim etwa in seinem Stück *Das Loch* die preußische Regierung an. Wie andere kritische Zeitgenossen um 1806 sieht auch Arnim die Hardenbergschen Reformen in Preußen äußerst kritisch: Preußen ist zum „Maschinenstaat"[4] verkommen. Die im Schattenspiel in Gang gesetzte Regierungsmaschine ist Ausdruck einer willkürlich und mechanistisch agierenden Staatsform:

> Kaiser [zu seinem Rat Kasper]. So schieb die Regierungsmaschine herbei, / Ich fühle in mir Begeisterung, / Die macht mich wieder in Freuden jung.
> Kasper (schiebt sie herbei). Die Räder machen ein wenig Geschrei.
> Kaiser. Ihr müsset die Räder ein wenig schmieren.
> Kasper. Das nennen wir dann das Regeneriren, / Das Fett, das geben die Unterthanen, / Die Verarmten stecken wir unter die Fahnen, / Die müssen für's Vaterland billig bluten.
> Kaiser. Das Sterben erfreuet alle Guten.[5]

Arnim will als Dichter selbst tätig werden. Er wählt bewusst die Feder, nicht das Schwert (was ihm später immer wieder von seinen Gegnern angelastet wird)[6] und will nun mittels der Literatur einen über soziale Grenzen hinweg gültigen „Gemeingeist"[7] verbreiten.

Während in *Des Knaben Wunderhorn* der Versuch unternommen wurde, durch die Wiederbelebung des Volksliedes, also durch die Hinwendung zur

1 Vgl. Caroline Pross: *Kunstfeste. Drama, Politik und Öffentlichkeit in der Romantik.* Freiburg/Br.: Rombach 2001, S. 207–210.

2 Arnim, Ludwig Achim von Arnim: Von Volksliedern. – In: Clemens Brentano: *Sämtliche Werke und Briefe. Des Knaben Wunderhorn. Alte deutsche Lieder. Gesammelt von Ludwig Achim von Arnim und Clemens Brentano.* Hrsg. von Heinz Rölleke. Bd. 6, Stuttgart: Kohlhammer 1975, S. 423.

3 Vgl. Pross: *Kunstfeste* (Anm. 1), S. 209.

4 Vgl. Thomas Nipperdey: *Deutsche Geschichte 1800–1866. Bürgerwelt und starker Staat.* Bd. 1. München: Beck 1998, S. 33.

5 Ludwig Achim von Arnim: *Werke und Briefwechsel* Bd. 13: *Schaubühne I.* Hrsg. von Yvonne Pietsch. Berlin u. a.: de Gruyter 2010, S. 209.

6 Das Schwanken zwischen Schwert und Feder im Kontext seiner Dichtung nach 1789 steht immer im Zusammenhang mit der „grundsätzlichen Frage nach der Vorrangigkeit von Krieg oder Kunst" – vgl. zu Arnims Utopie des Ästhetischen Claudia Nitschke: *Utopie und Krieg bei Ludwig Achim von Arnim.* Tübingen: Niemeyer 2004, S. 40–41.

7 Ludwig Achim von Arnim: *Werke und Briefwechsel* Bd. 11: *Texte der deutschen Tischgesellschaft.* Hrsg. von Stefan Nienhaus. Tübingen: Niemeyer 2008, S. 205. – Die Gründung der deutschen Tischgesellschaft war der Versuch, diesen Gemeingeist im Kleinen auszubilden; vgl. dazu auch Stefan Nienhaus: Ein ganzes adeliges Volk. Die deutsche Tischgesellschaft als aristokratisches Demokratiemodell. In: *Kleist-Jahrbuch* 2012, S. 227–236.

Lebenswelt der einfachen Bevölkerung, einen neuen Zugang zu den Kohäsionskräften der eigenen Kultur zu finden, wird für Arnim in der Zeit nach 1806 das Drama als Gestaltungsmittel immer wichtiger.[8] Nicht nur für Arnim ist es die Kunstform par excellence, in der öffentlich einer Selbstbesinnung der ‚Nation' Vorschub geleistet wird.[9] Das Theater wird zum visionären Ort, an dem die Nation sich der Zusammengehörigkeit und des Zusammenhalts ihrer Mitglieder vergewissern soll. Es soll den Gemeingeist stimulieren, Volkstätigkeit evozieren und alle Schichten auf eine „gleichmäßig durch alle Klassen gehende Sprache und Bildung"[10] miteinander vereinen. Gerade vor dem Hintergrund der Befreiungskriege wird die *Schaubühne* somit zu einer „patriotische[n] Anthologie"[11], die einigend wirken soll, aber auch dezidiert – wie etwa in *Die Vertreibung der Spanier aus Wesel* – zur Volksbewaffnung und zum Befreiungsschlag gegen die Fremdherrschaft aufruft.[12]

In diesem Stück wird aber zugleich die geglückte Formierung eines Volksganzen, das zunächst durch Fremdherrschaft zerrüttet dargestellt wird, vorgeführt. Die ehemals reiche Handelsstadt Wesel ist im Jahr 1630 von Spaniern besetzt und leidet unter der Fremdherrschaft. Missgunst, Parteigängerei und Profitgier bestimmen das Agieren der Weseler Bürger. Der Gemeinsinn ist abhandengekommen. Symptomatisch dafür ist die leere Wirtshausstube, in der die Exposition spielt:

---

8 Vgl. hierzu Hendrik Birus: Wiederholung der Anfänge: *Zur Rezeption des europäischen Dramas des 16./17. Jahrhunderts in der deutschen Romantik.* Hrsg. von Roger Lüdeke. In: *Theater im Aufbruch: Das europäische Drama der Frühen Neuzeit.* Tübingen: Niemeyer 2008, S. 199–213.

9 Ähnliche Bemühungen finden sich u. a. bei Clemens Brentano oder auch bei August Wilhelm und Friedrich Schlegel. Im Bereich des nationalhistorischen Schauspiels seien, so August Wilhelm Schlegel, „die herrlichsten Lorbeeren zu pflücken, die Goethen und Schillern nacheifern wollen". (August Wilhelm Schlegel: Vorlesungen über dramatische Kunst und Litteratur. In: *Sämmtliche Werke.* Hrsg. von Eduard Böcking. Bd. 5. Leipzig: Weidmann 1846, S. 16–17.)

10 Ludwig Achim von Arnim: Etwas über das deutsche Theater in Frankfurt am Mayn. Von einem Reisenden. In: *Berlinische musikalische Zeitung.* Hrsg. von Johann Friedrich Reichardt. Nro. 6. Zweiter Jahrgang 1806, S. 21–22.

11 Lothar Ehrlich: *Ludwig Achim von Arnim als Dramatiker. Ein Beitrag zur Geschichte des romantischen Dramas.* Halle masch. Diss. 1970, S. 141.

12 Goethe, dem Arnim das Stück zur Aufführung auf dem Theater anbot, lehnte aus diesem Grund ab: „Das angedeutete Stück [*Die Vertreibung der Spanier aus Wesel*] wäre wohl aufführbar; in meiner Lage aber bemerke ich folgendes. Alles was auf den Augenblick anspielt und die Gemüther stoffartig erregt, habe ich immer vermieden; nicht weil ich es in Ganzen für unzuläßig halte, sondern weil ich gefunden habe, daß der Enthusiasmus eigentlich nur die große Masse wohl kleidet". (Arnim: *Schaubühne* [Anm. 5], S. 489.) – An Aufrufen zum Aufstand gegen Frankreich herrschte 1813 kein Mangel, vgl. Pross: *Kunstfeste* (Anm. 1), S. 218.

Reinhart. [...] Denk Peter, wie es sonst an einem Sonntagmorgen so voll hier war von reichen Bauern, die ließen etwas aufgehn zu der Andacht, und die geputzten drallen Bauerweiber thaten wohl, als ob sie's gar nicht leiden wollten und tranken um so besser, da ward dann Nachmittags ein Kegeln und ein Tanzen, daß alle Scheiben zitterten, da ward auch mancher Krug zerschlagen, doch keiner blieb mir einen Kreuzer schuldig.[13]

In der jetzigen Besatzungszeit wird nicht mehr getanzt und am Sonntag im Wirtshaus getrunken – die Bauern, die ehemals die Wirtsstube bevölkerten, „können keinen Wein mehr kaufen, brauen sich ihr Bier".[14]

Der Befreiungsschlag aus diesem Missstand erfolgt aus dem Inneren der zerrütteten Gesellschaft, durch den um das Gemeinwohl besorgten Bürger und Kaufmann Peter Mülder. Im Traum erscheint ihm ein Hammer, mit dem er die Befreiung von Wesel herbeiführen soll:

Peter. Den Hammer ganz, wie ich im Traume ihn sah um die Staketen, um die Köpfe einzuschlagen, ich trage ihn in meiner Hand. Es ist gewiß derselbe Hammer. Nun fehlen mir noch zwei Gesellen, die ich im Traume bei mir sah und die ich nicht erkennen konnte, vielleicht war dies [Jan] der eine, vielleicht kommt da der andre, bis heute sah ich alle Menschen drauf vergebens an, doch heut muß alles sich zusammenfinden.[15]

Mit traumwandlerischer Sicherheit formieren sich um ihn weitere Helfer, die unterschiedlichen bürgerlichen Schichten angehören: seine Geliebte, die Wirtstochter Susanna, der Schmiedegeselle Jan Rotleer, dessen Verlobte und der Gelehrte Diereke, sein Bruder. Der Schmiedemeister Schlacke, der aus Angst vor den Spaniern seine Mithilfe verweigert, wird als Verräter des bevorstehenden Überfalls von den Spaniern erstochen.[16] Peter Mülder lässt nun in der Nacht niederländische Truppen, mit denen er im Vorfeld Kontakt aufgenommen hat, in die Stadt ein, indem er mit seinem Hammer die Palisaden der Stadt von außen einschlägt und den Niederländern damit Zugang in die Stadt Wesel verschafft:

Peter. Ich führ euch auf das Bollwerk, breche alle Blanken stille ab, schlag alles in der Stille todt, was uns verrathen kann, so führ ich euch zum kleinen Markt, da theilen wir uns ab die That. Mit euch, Herr Huygens und mit euren Leuten nehmen wir die Hauptwach ein, da regnets blaue Bohnen. Dann ziehen wir zum Braunschen Thor, das schlag ich ein und laß die Brücke nieder, so kommen eure Reiter in die Stadt. Mein Bruder Dierecke führet euch Herr Beefort, und euch Herr Diest, die lange Gaß herunter, dort nehmt ihr an dem Kreutzweg euren Posten und lasset keinen Spanier zum Paradeplatz.[17]

---

13 Arnim: _Schaubühne_ (Anm. 5), S. 170–171.
14 Ebenda, S. 171.
15 Ebenda, S. 181–182.
16 Ebenda, S. 191.
17 Ebenda, S. 193–194.

Wie der Hammerschlag des altgermanischen Gottes Thor ist der von Mülder ausgeführte Befreiungsschlag von reinigender Wirkung. Durch ihn wird die gesellschaftliche Katharsis herbeigeführt: Wie durch ein Wunder werden die militärisch überlegenen Widersacher in die Flucht geschlagen. Zugleich werden auch alle gesellschaftlichen Differenzen überbrückt. Die Weseler Bürgerschaft, die sich schließlich zu einem harmonischen Ganzen formiert, wird dabei dezidiert mit den Attributen einer christlichen Gemeinde belehnt: „Des Volkes Mund ist Gottes Mund"[18] heißt es am Ende des Stückes. Gemeinsam stimmen alle in den Schlusschoral ein, einer Kontrafaktur zu Luthers *Ein feste Burg ist unser Gott*, das Arnim 1806 für das *Wunderhorn* umdichtete und hier wieder verwendete. Auch in diesem Lied wird die Waffe als Metapher verwendet:

> Eine feste Burg ist unser Gott, / Eine gute Wehr und Waffen, / Er führt uns frei aus aller Noth, / Er hat uns frei geschaffen. / Er wacht am hohen Himmelsthor / Mit seines Wortes Waffen, / Wir schauen wieder frei empor, Wie er uns hat geschaffen, / Sein frei Sternenheer / Rundet um uns her, / Lobsingt, lobsinget ihm, / Lobsingt mit heller Stimm, / Ehre sey Gott in der Höhe.[19]

Die Stimulierung des Gemeingeistes über die Volksbewaffnung, die auch durch den Protestantismus, die „reine"[20] Glaubenslehre, legitimiert wird, mündet in der Fundierung eines christlichen Selbstverständnisses, das sich bereits in der Verwendung des von Gott gegebenen Hammers manifestierte.[21] Die Bevölkerung Wesels feiert in ihrer ‚Einstimmigkeit' nicht nur die wieder gewonnene Freiheit, sondern auch den ‚wahren Glauben'. Der Gebrauch der ‚göttlichen' Waffe mündet in der Darstellung eines von Gott gegebenen Heilsgeschehens, das durch die allgemeine Bewaffnung des ‚gemeinen' Volkes überhaupt erst möglich gemacht wurde. So wird Peter Mülder am Ende von den Räten der Stadt in folgender Weise empfangen:

> Gott hat die Kett gesprengt, woran die Spanier das freie Wesel legten, doch ihr wart Gottes Hammer. Mensch hilf dir selbst, so hilft dir Gott. Die Freiheit, die ihr uns erobert, sollt ihr auch beschützen, zum Bürgermeister hat des Volkes Mund euch heut erwählt, es ist ein kleiner Lohn, doch seht auf unsre Freudenthränen.[22]

Die Bezeichnung Mülders als „Gottes Hammer"[23] ist insofern signifikant, als es sich dabei um ein Bibelzitat aus dem Alten Testament handelt, aus dem Buch Jeremia 51, 20–23: Dort wird die Stadt Babel als „Gottes Hammer" cha-

---

18 Ebenda, S. 202.

19 Ebenda, S. 202–203.

20 Ebenda, S. 194.

21 Durch die „Parallelisierung von Vaterlandsliebe und Gottesliebe" entstand zur Zeit der Befreiungskriege eine „spezifische Verbindung zwischen Nation und protestantisch-pietistischer Religion" – vgl. dazu Urte Evert: *Die Eisenbraut. Symbolgeschichte der militärischen Waffe von 1700 bis 1945*. Münster, New York: Waxmann 2015, S. 215.

22 Arnim: *Schaubühne* (Anm. 5), S. 202.

23 Ebenda, S. 202.

rakterisiert. Man beachte die militante Stoßrichtung des Bibeltextes, der hier ausführlich zitiert werden soll, da er in Arnims Stück als intertextuelles Referenzsignal fungiert und die destruktive Kraft, die wirken muss, damit neues entstehen kann, deutlich macht:

> Babel als Hammer Gottes. Du warst mein Hammer, meine Waffe für den Krieg. Mit dir zerschlug ich Völker, mit dir stürzte ich Königreiche, mit dir zerschlug ich Roß und Lenker, mit dir zerschlug ich Wagen und Fahrer, mit dir zerschlug ich Mann und Frau, mit dir zerschlug ich Greis und Kind, mit dir zerschlug ich Knabe und Mädchen, mit dir zerschlug ich Hirt und Herde, mit dir zerschlug ich Bauer und Gespann, mit dir zerschlug ich Statthalter und Vorsteher.[24]

Der Gebrauch der Waffen ist im Stück also mit dem Doppelmotiv Nation-Religion[25] aufs engste verbunden und spiegelt damit auch Arnims poetologische Ausrichtung: Wie der von Peter Mülder so sicher ausgeführte Schlag mit dem Hammer Voraussetzung für eine neue Ära von Staat und Gesellschaft ist, so sieht sich Arnim in seiner Rolle als Dichter, quasi bewaffnet mit der Feder, als Prophet, der durch seine Texte einen „Geist der [...] Volksbewegung"[26] auf den Plan zu rufen im Stande ist. Die von Mülder im Stück verwendete Waffe steht metonymisch für die Möglichkeit einer Überwindung der desolaten gesellschaftlichen Zustände. Arnim bietet dabei zwei Möglichkeiten an: zum einen über den Weg der Literatur, (den er selbst einschlägt), zum anderen über den (kollektiven) Waffengebrauch (für den er sich im Rahmen seiner Betätigung im Berliner Landsturm engagiert hatte).

II. Das Vermächtnis der Waffen: die historisierende Heroisierung und Sakralisierung der Waffen am Beispiel der *Appelmänner* in Analogie zu Arnims intertextuellen Gestaltungsprinzipien

Die in den Dramen der *Schaubühne* verwendeten Waffen sind – das zeigt bereits der ‚göttliche Hammer' in *Die Vertreibung der Spanier aus Wesel*, der auch als „Streitaxt"[27] apostrophiert wird, – nicht selten auch für Arnims Zeit archaisch und altertümlich. Sie sind aber durch ihren erfolgreichen Einsatz

---

24 Im Buch Jeremia wird auch für das Wort Gottes der Vergleich mit einem Hammer verwendet, da es wegen seiner zermalmenden Kraft Felsen zerschlagen könne, vgl. Jeremia 23, 29.

25 Dass die Verschränkung dieser beiden Themen für literarische Texte in der Zeit der Befreiungskriege symptomatisch war, stellt Gerhard Kaiser ausführlich dar; vgl. Gerhard Kaiser: *Pietismus und Patriotismus im literarischen Deutschland. Ein Beitrag zum Problem der Säkularisation.* Wiesbaden: Steiner 1961.

26 *Achim von Arnim: Werke in sechs Bänden.* Hrsg. von Roswitha Burwick, Jürgen Knaack, Paul Michael Lützeler, Renate Moering, Ulfert Ricklefs, Herrmann F. Weiss. Band 6. Frankfurt a.M.: Deutscher Klassiker Verlag 1992, S. 200.

27 Arnim: *Schaubühne* (Anm. 5), S. 180.

explizit positiv besetzt. So wird Peter Mülder zu Anfang zwar von ungläubigen Bürgern ausgelacht und nicht ernst genommen, was sich aber am Ende des Stückes ins Gegenteil umkehrt.

Auch im Stück *Die Appelmänner* kauft sich der ungeratene Sohn Vivigenius Appelmann alte, schwerfällige Waffen. Er verschuldet sich dadurch derart, dass dies letztlich den fatalen Konflikt zwischen Vater und Sohn auslöst, so dass der Vater kraft seines Amtes als Bürgermeister die Hinrichtung des Sohnes durch Scharfrichter beschließt. Den ‚Waffenkaufrausch‘ beschreibt der Sohn dem Vater mit folgenden Worten und bittet ihn daraufhin um Geld:

> Vivigenius. In wenig Worten sag ich, was so lange mich verzehrte. Ich konnts nicht lassen, wo ich einen schönen Damascener Säbel, schönes Schießgewehr, erblickte, es mir zu kaufen, es ließ mir keine Ruh, auch Helme, Harnisch, Streitaxt, manches Waffenstück, das schon veraltet, erkaufte ich mir in Stralsund, von einem Schiffer, der aus ferner Gegend kam, doch als ichs nun bezahlen sollte, da kam die Wittenberger Noth mir wieder.[28]

Von besonderer Bedeutung ist für den jungen Appelmann auch die Aufschrift auf den „scharfen wohlerprobten Klingen“:[29]

> Vivigenius. Nein, Vater, herrlicher ist nie ein Gold geehrt, als was auf scharfer wohlerprobter Klinge glänzt in Zierrath und im Heldenspruche. Hier stehts geschrieben: Mit Gott, für Freiheit – und wenn ich je den Spruch vergesse, so soll mich Gott am Auferstehungstage auch vergessen.[30]

Hier begegnet – ähnlich wie in *Die Vertreibung der Spanier aus Wesel* – die Verquickung der Themenfelder Religion-Nation-Volksbewaffnung. Durch die alten Waffen wird bei Vivigenius eine Begeisterung für die Idee der Freiheit entfacht, die letztlich sein ungeregeltes Leben auf die ‚richtige‘ Bahn lenkt, indem er sich dem niederländischen Grafen Bretterod anschließt, um sich mit ihm am niederländisch-spanischen Freiheitskampf zu beteiligen. Die Heroisierung der alten Waffen und eine damit einhergehende Evokation einer kollektiven Waffen- und Kriegsbegeisterung begegnet auch in den im Stück vorgetragenen Kriegsliedern. Dort gelingt es zum Beispiel nur über den Anblick der „alten Klingen“,[31] bei den kriegsmüden, geschlagenen Kämpfern durch die Erinnerung an alte Zeiten wieder Kampfeswillen zu evozieren, der schließlich auch auf die Zuhörer überspringt:

> Seht die alten Waffen wieder, / Wie sie bei dem Feuer glänzen, / Auf! und rächet eure Brüder, / Und beschützt des Landes Grenzen. / Ja, ihr schwingt die alten Klingen, / Auf! ihr seid bereit zu Taten, / Und im Tod und im Mißlingen / Wird kein Zweifel uns beraten.[32]

---

28 Ebenda, S. 287.
29 Ebenda, S. 288.
30 Ebenda, S. 288.
31 Ebenda, S. 302.
32 Ebenda, S. 302.

Im Stück werden die Waffen dann jedoch nicht gebraucht: Graf Bretterod bringt die Nachricht, dass „die Spanier […] vom Nassau auf das stolze Haupt geschlagen"[33] seien, „die Freiheit ist begründet, der Friede ist geschlossen",[34] ohne dass Vivigenius oder die anderen kriegswilligen Figuren in den Kampf eingreifen mussten. Am Ende steht eine versöhnte Familie Appelmann und eine im Frieden gemeinsam auftretende Volksgemeinschaft:

> Hans. Sieg und Friede ist nun ohne uns gewonnen, lieben Freunde, ihr hättet gern dabei seyn mögen, ich auch, aber denkt daran, daß Gott allein zu gleicher Zeit überall kann gegenwärtig seyn, zur Strafe und zum Segen. Wir waren hier in unsrer Pflicht, so können wir auch freudig triumphiren, des Friedens Gnade geht uns allen auf. Es lebe Nassau hoch, er braucht auch brave Männer in dem Frieden, sagt der Graf![35]

Die Heroisierung der veralteten Waffen in der *Schaubühne* findet eine Analogie in Arnims typischen intertextuellen Gestaltungsprinzipien. Bei Arnims *Schaubühnen*-Stücken handelt es sich fast ausschließlich um alte Texte, die dem zeitgenössischen Publikum in wieder aufbereiteter Form präsentiert werden. Über die in den Stücken neu verarbeiteten, alten Stoffe und Motive will Arnim die immer wieder beschworene „Volkstätigkeit"[36] in Gang setzen. Wie also die *Schaubühnen*-Dramen ein literarischer Fundus, ein Archiv alter Texte darstellen, in dem sich eine höhere Wahrheit ausspricht, die das Aufkommen eines alle Schichten übergreifenden „deutsche[n] Volksgeist[es]"[37] evozieren soll, dienen die alten Waffen, die in den *Appelmännern* thematisiert werden, einer ähnlichen Intention. Gerade die „alten Klingen"[38] sind es, die eine Begeisterung für den Krieg bei Zuhörern und Soldaten entzünden und letztlich eine Neuordnung der Gesellschaft in Gang bringen soll. Auch wenn es sich auf den ersten Blick um eine konventionelle Besetzung der Waffen als Zeichen für Befreiung und Machtausübung handelt, wird die konventionelle Ausdruck-Inhalt-Zuordnung hier dennoch insofern überschritten, als sich der Gebrauch der Waffe immer auch von der poetologischen Zielsetzung Arnims her deuten lässt.

Wie sich bei Arnim die Themenfelder Kunst, Waffen, Nation/Volkstätigkeit, Religion miteinander verbinden und geradezu aberwitzige Blüten zu treiben im Stande sind, soll ein Beispiel zum Abschluss verdeutlichen.

Im Juli 1813, zur Zeit des Waffenstillstandes zwischen Frankreich und Preußen, legt Arnim König Friedrich Wilhelm III. folgenden Vorschlag zu einem Denkmal für den Landsturm vor, an dem er als Vizebataillonschef des Letzen-

---

33 Ebenda, S. 329.
34 Ebenda, S. 329.
35 Ebenda, S. 332.
36 Arnim: Von Volksliedern (Anm. 2), S. 423.
37 Arnim: *Werke* 6 (Anm. 26), S. 428.
38 Arnim: *Schaubühne* (Anm. 5), S. 302.

Straße-Bezirks in Berlin maßgeblich beteiligt war.[39] Zu der Zeit, als Arnim den Brief an den König schreibt, befindet sich der Landsturm allerdings bereits in der Auflösung, da Friedrich Wilhelm die potentielle revolutionäre Kraft, die der Landsturm in seinem patriotischen Enthusiasmus zu entwickeln im Stande ist, fürchtet. Arnims Protest gegen die Auflösung des Landsturms wird bei Hof nicht sehr gut aufgenommen worden sein.[40] Dessen ungeachtet beharrt Arnim vor dem König, also d e m Gegner der Volksbewaffnung, auf den positiven Errungenschaften des Landsturms. Letztlich ist der Brief ein Beweis für die zentrale Vorstellung Arnims vom Volk als Träger des Staates. Konsequent ist der Brief insofern auch, als die in den *Schaubühnen*-Dramen evozierten Themenfelder Waffengebrauch, Volkstätigkeit, Nation und Religion in Verbindung mit der Kunst, die alles zu vereinigen im Stande ist, in Arnims Vorschlag zu dem Landsturm-Denkmal wieder aufgerufen werden:

> Das Denkmahl könnte eine Zusammenstellung der Waffen des Landsturms seyn unter der Wölbung einer Krone, die sie alle ordnet und braucht, und von ihnen bewahrt und geschützt wird; Spiesse, als die Hauptwaffe des Landsturms, könnten zusammengelegt einen Kegel bilden, auf welchem die Krone ruhte, diese wäre von Gußeisen, wirkliche unbrauchbar gewordene eiserne Kanonen bildeten seine Grundlage zur Erinnerung der vom Landsturm gebildeten Batterieen, und der acht und vierzig Kanonen, die der Berliner Landsturm nach meinem Vorschlage, der Armee geliefert hätte. Ein geschickter Zeichner wie Schinkel, der selbst alle seine Zeit dem Landsturm gewidmet hatte, würde für gutes Verhältniß und Anordnung des Ganzen sicher mit Freude sorgen. Eine Inschrift müste in aller Kürze die Tage dem Gedächtnisse bewahren, wo das französische Heer sich aus Furcht vor dem Landsturm zurückzog, Gott aber allein die Ehre geben, denn bei unserer damaligen Ungeübtheit und dem Mangel an Waffen, unter der Führung hinfälliger alter Offiziere, die sich wenig um unsern Zustand bekümmerten und sich kaum verständlich machten, was wir thun sollten, sahen wir damals einem, wie es uns schien, unvermeidlichem Untergange mit treuem Muthe entgegen, denn alle standen für eine Sache.[41]

---

39 Vgl. zu Arnims Engagement im Landsturm den Kommentar in Arnim: *Schaubühne*, S. 451–458.

40 Vgl. auch Peter Sprengel: Triumph und Versammlung. Strukturen des Festspiels in Klassik und Romantik. Mit einem ungedruckten Text Achim von Arnims: Plan zu einem Festspiele beym Feste des allgemeinen Friedens. In: *Aurora* 50 (1990), S. 1–26, hier S. 5.

41 Briefentwurf Arnims an König Friedrich Wilhelm III. vom 28. Juli 1813. Abgedruckt in: *Unbekannte Briefe von und an Achim von Arnim aus der Sammlung Varnhagen und anderen Beständen.* Hrsg. von Hermann F. Weiss. Berlin: Duncker und Humblot 1986, S. 54–55.

Maria Reger

Das Stigma der Differenz: Von Genderidentität und dem Verhältnis zwischen den Geschlechtern in Sophie Mereaus *Das Blütenalter der Empfindung* (1794)

1. Autorschaft, Gender und das Stigma der Differenz

„The stigma of difference may be recreated both by ignoring and by focusing on it",[1] erklärt Rechtswissenschaftlerin Martha Minow und konfrontiert uns mit einem Dilemma: Wenn wir literarische Werke danach einordnen, ob sie von Männern oder Frauen geschrieben wurden, verfestigen wir die Vorstellung von stabiler Genderidentität und essentiellen Unterschieden zwischen den Geschlechtern. Wenn wir das Geschlecht ignorieren, negieren wir, dass binäre Gendernormen den Diskurs um Autorschaft und literarische Qualität strukturell prägen. „[O]nly in a culture", schreibt Minow, „that officially condemns the assigned status of inequalities and yet, in practice perpetuates them",[2] finden wir das von ihr ausgemachte Differenzdilemma. Der Schlüssel zum Verständnis und Dekonstruktion des Differenzstigmas scheint also darin zu liegen, anzuerkennen, dass binäre Gendernormen strukturell von Bedeutung sind,[3] und anschließend nach den ideologischen Voraussetzungen und Reproduktionsmechanismen zu fragen. Dazu lohnt sich der Blick in die Vergangenheit, wenn er – wie Historikerin Joan Scott fordert –, aufdeckt, dass die Beziehung zwischen den Geschlechtern historisch spezifisch und veränderbar ist.[4]
Die sich wandelnde Beurteilung von Sophie Mereau (1770–1806), zu ihren Lebzeiten gut vernetzte und erfolgreiche Herausgeberin, Übersetzerin und Schriftstellerin, steht in engem Zusammenhang mit dem Genderdiskurs der

---

1 Martha Minow. *Making All the Difference: Inclusion, Exclusion, and American Law.* Ithaca: Cornell University Press 1994, S. 20.
2 Ebenda, S. 79.
3 Ein Beispiel ist die Verwendung von Pseudonymen. Sie wurden nicht nur zu Sophie Mereaus Zeiten gerade von Frauen verwendet, um als Privatpersonen geschützt zu sein. Auch heute finden sie im Genderkontext noch Verwendung, um zum Beispiel stereotypische Genreerwartungen zu erfüllen. Erwartet wird, vereinfacht gesagt, dass Männer Krimis und Thriller schreiben und Frauen Liebesgeschichten. Vgl. Holger Ehling: *Autoren und ihre Namenswahl.* In: *Deutsche Welle.* Online: http://www.dw.com/de/autoren-und-ihre-namenswahl/a-16977436. 29. Juli 2013 [abgerufen am 30. Oktober 2017].
4 Vgl. Joan Scott: Gender. Eine nützliche Kategorie der historischen Analyse. Aus dem Amerikanischen von Robin Mitchell. In: *Selbst Bewußt. Frauen in den USA.* Hrsg. von Nancy Kaiser. Leipzig: Reclam 1994 (RUC, Bd. 1494), S. 27–75; hier S. 47.

jeweiligen Zeit.[5] Der Grund hierfür, so die These, liegt nicht allein im weiblichen Geschlecht der Autorin, deren Präsenz in einer patriarchisch strukturierten Öffentlichkeit ein „Politikum" an sich ist.[6] Darüber hinaus sind es Form und Inhalt von Mereaus literarischer Stimme, die der patriarchischen Deutungshoheit über das Verhältnis zwischen den Geschlechtern zuwiderlaufen. Diese These möchte ich durch die Interpretation von Mereaus Roman *Das Blütenalter im Zeitalter der Empfindung* (1794) belegen. Zunächst werde ich dazu ausführen, wie Gendernormen mit Bezug auf das Verhältnis zwischen den Geschlechtern diskursiv und institutionell erzeugt und unterfüttert werden und dabei Mereaus Werk kontextuell einbinden, indem ich den Diskurs um Gender und (weibliche) Autorschaft um 1800 skizziere.

2. Genderdiskurs und Autorschaft um 1800

Die mittlerweile klassische Unterscheidung der Gender Studies zwischen Sex als dem biologischen Geschlecht einerseits und Gender als dem soziokulturell formierten andererseits, liegt auch dieser Arbeit zugrunde. Wie sich Sex und Gender zueinander verhalten, ist Gegenstand zahlreicher Diskussionen. Für den Ansatz dieser Arbeit zweckdienlich ist Joan W. Scotts Definition von Gender als einer relationalen, diskursiven und politischen Größe. Scott benennt vier zusammenhängende Kräfte, die unsere konkreten Vorstellungen von Gender gestalten: 1) „kulturell zugängliche Symbole, die eine Vielzahl von (sich oft auch widersprechenden) Repräsentationsformen hervorrufen", 2) „normative Konzepte, die Interpretationen von den Symbolen vorgeben", 3) „Politik sowie Bezüge zu gesellschaftlichen Institutionen und Organisationen", 4) „die subjektive Identität".[7] Der Kampf um die Deutungshoheit über die verfügbaren kulturellen Symbole, wie Scott ausführt, ist konfliktbeladen. Sobald sich eine Position durchsetzt, werden alternative Lesarten marginalisiert und die dominante Meinung erscheint als allgemeiner Konsens. Als Beispiel für Scotts Theorie lässt sich die Hexe als Repräsentation des Weiblichen anführen, die wir in Märchen sowohl in der bösen Kannibalin aus *Hänsel und Gretel* als auch in den weisen Frauen aus *Dornröschen* wiederfinden. Wenn wir heute die Hexe vornehmlich als bucklige Schreckgestalt und damit als Ge-

---

5 Vgl. Bettina Bremer: Sophie Mereau. Eine exemplarische Chronik des Umgangs mit Autorinnen des 18. Jahrhunderts. In: *Athenäum. Jahrbuch der Friedrich Schlegel-Gesellschaft.* Bd. V. Paderborn: Schöningh 1995, S. 389–423.
6 Carola Hilmes: Vom Skandal weiblicher Autorschaft. Publikationsbedingungen für Schriftstellerinnen zwischen 1770 und 1830. In: Dies.: *Skandalgeschichten. Aspekte einer Frauenliteraturgeschichte.* Königstein im Taunus: Ulrike Helmer Verlag 2004, S. 43–65; hier S. 45. Online unter: http://www.goethezeitportal.de/fileadmin/PDF/db/wiss/epoche/hilmes_autorschaft.pdf.
7 Scott: Gender, S. 53–56. (Anm. 4)

fahr konzeptionalisieren, hat sich eine Lesart durchgesetzt, die selbstbewusste und einflussreiche Frauen aus dem öffentlichen Raum zu verbannen sucht. Institutionell manifestiert sich ein derart diskursiv-politisch errungener Sieg in einer Geschichtsschreibung, die kritische oder abweichende Beiträge verdrängt. Strukturell werden das Familienleben, der Arbeitsmarkt, die Bildung und die politische Ordnung an den dominanten Gendervorstellungen ausgerichtet und Frauen wird beispielsweise das Wahlrecht vorenthalten.

Wie lässt sich das Verhältnis zwischen den Geschlechtern neu bestimmen? Angreif- und veränderbar ist die diskursiv legitimierte Ordnung grundsätzlich immer. Besonders anfällig ist sie nach Scott, wenn die Gesellschaft durch demographische Krisen oder politische Bewegungen für ein Umdenken empfänglich wird.[8] Die Zeit Mereaus ist geprägt von politischen Umwälzungen und bietet alternativen Deutungsangeboten für die Beziehung zwischen Frau und Mann tatsächlich Raum zur Artikulation. Beiträge wie die der französischen Frauenrechtlerin Olympe Marie de Gouges, der britischen Aktivistin Mary Wollstonecraft oder – im deutschsprachigen Raum – die des Königsberger Juristen und Schriftstellers Theodor Gottlieb von Hippel fechten patriarchische Gendernormen an. Hippel etwa prangert in seiner anonym veröffentlichen Schrift *Über die bürgerliche Verbesserung der Weiber* (1792) die Unterdrückung der Frauen als Unrecht an und fordert ihre soziale und rechtliche Gleichstellung in Anerkennung ihrer Leistungen: „Es gab, Gottlob! von jeher Weiber, und es giebt ihrer noch, denen ihr Stand der Erniedrigung eine zu starke Probe ist; Weiberköpfe, die nicht ihre Weiblichkeit, sondern die willkührliche Behandlung derselben von Seiten unseres Geschlechtes beseufzten, und die ihrer Erlösung entgegen sahen".[9]

Als eine wirksame subversive Strategie beschreibt Butler 200 Jahre nach Sophie Mereau „a set of parodic practices based in a performative theory of gender acts that disrupt the categories of the body, sex, gender, and sexuality and occasion their subversive resignification and proliferation beyond the binary frame".[10] Mit der Dokumentation ihres Spotts über die gesellschaftlich dominanten Bilder, die den Mann – wie in Schillers *Glocke* (1797) – „hinaus / In's feindliche Leben" schicken und die Frau „als züchtige Hausfrau" zeichnen, wirken die nach Selbstbestimmung strebenden Frauen des Jenaer Romantikzirkels entsprechend an der Unterwanderung der patriarchischen Ideologie mit.[11] Wenn sich schließlich die Stimmen von wortgewandten Ver-

8 Vgl. Scott: Gender, S. 63–64. (Anm. 4)
9 Theodor Gottlieb von Hippel: *Über die bürgerliche Verbesserung der Weiber*. Berlin: Vossische Buchhandlung 1792, S. 20–21.
10 Judith Butler: *Gender Trouble. Feminism and the Subversion of Identity*. New York, London: Routledge 1990, S. X.
11 Vgl. Barbara Becker-Cantarino. Schriftstellerinnen der Romantik. In: *Romantik: Epoche – Autoren – Werke*. Hrsg. von Wolfgang Bunzel. Darmstadt: Wissenschaftliche Buchgesellschaft 2010, S. 200–215; hier S. 202.

fechtern der traditionellen Rollenverteilung durchsetzen[12] und die Schriftstellerinnen der Romantik in der Folgezeit nur noch als „Anhängsel" der
Männer konzipiert werden,[13] mag dies auch mit dem strukturellen Wandel
des Literaturmarkts zusammenhängen. Zwar treten um 1800 Frauen aus dem
Kleinadel und Bürgertum vermehrt als Schriftstellerinnen und Rezipienten
in den Literaturmarkt ein, doch vom Gelehrtendiskurs bleiben sie nach wie
vor fast vollständig ausgeschlossen. Denn die Neuausrichtung des Literaturmarkts zur „‚schöne[n] Literatur' von der Empfindsamkeit bis zur Romantik
[…] [verdrängt] die religiös-erbauliche und die didaktisch-gelehrte Literatur fast vollständig in die Sparte der theologischen und wissenschaftlichen
Fachliteratur",[14] zu der Frauen keinen Zugang haben.[15] Die Hinwendung
zu romantisch-empfindsamen Inhalten ist dabei ein genderübergreifendes
Epochenmerkmal, das mit der restriktiven Politik der deutschen Staaten in
Verbindung steht.[16] Weibliche Autorschaft, so Katharina von Hammerstein,
bleibt mit einem „moralischen Makel" verbunden und viele Schriftstellerinnen rechtfertigen ihr Schreiben mit Bezug auf weibliche Rollenvorstellungen
als „erzieherische, also quasi mütterliche Handlung".[17] Der zur Verfügung ste-
hende Handlungsspielraum ist also begrenzt. Trotzdem gelingt es Sophie Mereau mit ihrem Roman *Das Blütenalter der Empfindung* 1794 einen (gender-)
politisch subversiven Beitrag in den Genderdiskurs einzubringen.

3. Von Genderidentität und dem Verhältnis zwischen den Geschlechtern in Sophie Mereaus *Das Blütenalter der Empfindung* (1794)

Sophie Mereau entstammt einem bildungsbürgerlichen Elternhaus aus Al-
tenburg, das ihr den Weg in die intellektuellen Kreise ihrer Zeit ebnet. Als
Übersetzerin aus dem Englischen, Französischen, Italienischen und Spani-

12 Vgl. die Zusammenstellung von Beiträgen der männlichen Literaturgrößen Christoph Martin Wieland, Johann Wolfgang von Goethe, Jean-Jacques Rousseau und Johann Gottlieb Fichte in Katharina von Hammerstein: „Ein magisches Gemisch aus Wahn und Wirklichkeit": Sophie Mereaus verborgene Poetologie und die politische Ästhetik des postorthodoxen Marxismus. In. *Colloquia Germanica.* 35.2 (2002), S. 97–123; hier S. 100–101.
13 Vgl. Barbara Becker-Cantarino. *Schriftstellerinnen der Romantik. Epoche – Werke – Wirkung.* München: Beck 2000, S. 11.
14 Becker-Cantarino: Schriftstellerinnen, S. 201. (Anm. 12)
15 Zu den unterschiedlichen Bildungsinhalten und -wegen für Männer und Frauen um 1800 und der „gelehrten Frau" als Angriffspunkt für Kritik und Spott vgl. Becker-Cantarino, Schriftstellerinnen, S. 27–34. (Anm. 11)
16 Vgl. Katharina von Hammerstein: „Au bonheur de tous": Sophie Mereau on Human Rights and (Gender) Politics in the French Revolution and American Republic. In: *Colloquia Germanica.* 42.2 (2009), S. 97–117; hier S. 101.
17 Von Hammerstein: Poetologie, S. 100. (Anm. 13)

schen, sowie als Schriftstellerin und Herausgeberin kann sie sich nicht nur ein eigenes Einkommen sichern, sondern auch den direkten Zugang zu (fremd-sprachigen) Literaturen und Bildungsinhalten.[18] Im Alter von 21 Jahren ver-öffentlicht sie 1791 ihr erstes Gedicht in Schillers Zeitschrift *Thalia* mit dem Titel *Bei Frankreichs Feier. Den 14. Julius 1790*. Mit klarem Bezug zur Franzö-sischen Revolution manifestiert sich ihr Anspruch, in politischen Fragen ein Mitspracherecht zu erhalten. Von ihrem ersten Mann Friedrich Mereau, der sie in Jena eingeführt hat, lässt sie sich 1801 scheiden. Dies ist ein Schritt, der neben ihrer Berufstätigkeit als „Abweichung von der Norm zeitgenössischer Weiblichkeit"[19] wahrgenommen wird. Obwohl sie mit ihrer Lebenshaltung keine Einzelerscheinung in ihrem Milieu ist, Umgang mit einer Reihe ebenso selbstständiger Frauen pflegt und Gelegenheit zum Meinungsaustausch mit Gleichgesinnten findet,[20] stößt sie neben Anerkennung für ihre schriftstelle-rische Leistung und ihren beruflichen Erfolg auf gesellschaftliche Vorbehalte. Auf die neckischen Bemerkungen ihres Gelegenheitsgeliebten und späteren zweiten Ehemanns Clemens Brentano über weibliche Autorschaft reagiert Mereau Anfang 1803 aber selbstbewusst sarkastisch:

> Was Sie mir über die weiblichen Schriftsteller und insbesondere über meine ge-ringen Versuche sagen, hat mich recht ergriffen, ja erbaut. Gewiß ziemt es sich eigentlich gar nicht für unser Geschlecht, und nur die außerordentliche Großmut der Männer hat diesen Unfug so lange gelassen zusehen können. Ich würde recht zittern wegen einiger Arbeiten, die leider! schon unter der Presse sind, wenn ich nicht in dem Gedanken an ihre Unbedeutsamkeit und Unschädlichkeit einigen Trost fände. Aber für die Zukunft werde ich wenigstens mit Versemachen meine Zeit nicht mehr verschwenden, und wenn ich mich ja genötigt sehen sollte, zu schreiben, nur gute moralische oder Kochbücher zu verfertigen suchen. Und wer weiß, ob Ihr gelehrtes Werk, auf dessen Erscheinung Sie mich gütigst aufmerksam gemacht haben, mich nicht ganz und gar bestimmt, die Feder auf immer mit der Nadel zu vertauschen.[21]

---

18 Vgl. Britta Hannemann: *Weltliteratur für Bürgertöchter. Die Übersetzerin Sophie Mereau-Brentano*. Göttingen: Wallstein 2005 (Ergebnisse der Frauen- und Geschlech-terforschung, Bd. 7). Unter anderem übersetzt Mereau Werke von Montesquieu, Jean-Jacques Rousseau, Madame de LaFayette, Pierre Corneille, Alexander Pope und Boc-caccio.

19 Katharina von Hammerstein: „Das uns allein zu freien Wesen gründet, woran allein sich unsre Würde bindet, dies höchste Gut, es heißt – Selbständigkeit". Ein Nachwort zu Sophie Mereau-Brentanos Leben. In: *Sophie Mereau-Brentano: Wie sehn' ich mich hinaus in die freie Welt. Tagebuch, Betrachtungen und vermischte Prosa*. Hrsg. von Ka-tharina von Hammerstein. Frankfurt am Main: dtv 1997, S. 249–278.; hier S. 260.

20 Vgl. ebenda, S. 250; 260–261.

21 Sophie Mereau an Clemens Brentano. 20. Januar 1803. In: *Clemens Brentano und Sophie Mereau: Lebe der Liebe und liebe das Leben. Der Briefwechsel von Clemens Bren-tano und Sophie Mereau*. Hrsg. von Dagmar von Gersdorff. Frankfurt am Main: Insel 1981, S. 116.

Ihren Roman *Das Blütenalter der Empfindung* veröffentlicht Mereau 1794 zunächst anonym. Die weibliche Autorschaft macht sie indes deutlich, denn sie zeichnet unter den einleitenden Worten zu ihrem Roman mit „Die Verfasserin".[22] Damit legt sie den Grundstein für die Genderdiskussion um ihr Werk, die sich als Anziehungspunkt bis in die heutige Rezeption fortsetzt. Besonders die beiden Hauptfiguren Albert und Nanette sowie ihre Beziehung zueinander sind hier interessant, weshalb ich mich im Folgenden auf diese Punkte fokussiere. Dazu sei der Inhalt des Romans kurz zusammengefasst: In Mereaus Werk findet die anfangs verträumte Erzählerfigur Albert in Nanette eine kluge Partnerin, die ihn an den schwierigen „äußern Verhältnissen"(Mereau: Blütenalter, S. 9) zu wachsen lehrt. Nanette und ihr Bruder Lorenzo werden von ihrem älteren Bruder schikaniert und befinden sich auf der Flucht vor ihm. Auf gesetzlicher Grundlage will der gierige Bruder sie auf Kosten ihres persönlichen Wohlergehens um ihr Erbe bringen. Lorenzo nimmt sich schließlich das Leben, weil er innerhalb der patriarchischen Gesellschaft keinen Weg findet, mit seiner Geliebten Luise zusammen zu sein. Albert und Nanette suchen ihr gemeinsames Glück im freiheitsverheißenden Amerika.

Das Bedürfnis, fiktionale Romanfiguren auf eine Genderidentität festzulegen, führt zeitgenössische Rezipienten wie heutige im Falle von Mereaus Ich-Erzähler zu einem Aha-Erlebnis. Obschon es von Anfang an Indizien dafür gibt, dass es sich beim Erzähler um eine männliche Figur handelt, deuten Leser die auf den Anfangsseiten auftretende Erzählinstanz aufgrund ihrer Gefühligkeit als weiblich. Friedrich Schlegel berichtet seinem Bruder August Wilhelm 1796 demgemäß von seinem Eindruck: „Ich habe neulich in der Sophie M.[ereau] Blüthenalter geblättert. Das ist sehr spaßhaft. [...] Anfangs tritt ein junges Wesen auf, in dem alle möglichen Gefühle Purpurisch durcheinanderfluthen. Es sizt dabei ganz gelassen im Grase. Ich sage es, weil ich gewiß glaubte, es sey ein Mädchen; es sollte aber ein Junge seyn".[23] Schlegel, wohl auch beeinflusst von seinem Wissen um die weibliche Autorschaft, bezeugt, wie er in seiner literarischen und Weltrezeption Frauen mit Emotionalität und Empfindlichkeit assoziiert, sein Bild von Männlichkeit dagegen keine Gefühlsbekundungen zulässt. Dabei scheint Schlegel nicht nur die Referenz auf des Erzählers „Jünglingsalter[...]" (Mereau: Blütenalter, S. 11) zu überlesen, auch befindet sich Mereaus Erzähler ohne Begleitung auf einer Bildungsreise, was sozialge-

---

22 Sophie Mereau-Brentano: Das Blütenalter der Empfindung. In: *Sophie Mereau-Brentano: Das Blütenalter der Empfindung. Amanda und Eduard. Romane.* Hrsg. und kommentiert von Katharina von Hammerstein. München: dtv 1996, S. 7–58; hier S. 9. Im Folgenden im Fließtext als Mereau: Blütenalter, Seitenzahl.

23 Friedrich von Schlegel an August Wilhelm von Schlegel. 27. Mai 1796. In: *Kritische Friedrich-Schlegel-Ausgabe. Bd. 23. Abt. 3: Briefe von und an Friedrich und Dorothea Schlegel: Bis zur Begründung der romantischen Schule 1788–1799.* Hrsg. von Ernst Behler. Paderborn, München, Wien: Schöningh 1987, S. 300–306; hier S. 305.

schichtlich Männern vorbehalten ist. Dass Mereau die Geschlechtszugehörigkeit ihres Erzählers auf diese Weise nur andeutet und ihn noch zwei Seiten weiter nicht von eineR GefährtIN oder eineR Geliebten träumen lässt, sondern von „einem Wesen, dem es ein gleiches Bedürfnis wäre, die Menschen glücklich zu wissen" (Mereau: Blütenalter, S. 13), lässt den Leser in seiner heteronormativen Weltsicht wanken. Statt „die Kategorien ‚weiblich' und ‚männlich' ihrer allgegenwärtigen Relevanz [zu entheben], wenn sie bei Alberts Selbstaussicht auf eine Geschlechtszuordnung verzichtet",[24] wie von Hammerstein diese Erzählstrategie auslegt, ließe sich in Hinblick auf die Rezeptionsästhetik das genaue Gegenteil behaupten: Mereau führt dem Leser die allgegenwärtige Relevanz der Kategorien vor Augen, wenn sie ihn bei der Anwendung seiner binären Denkstruktur auflaufen und sie reflektieren lässt.

Es ist nicht zu übersehen, dass Mereau mit den vorhandenen Genderstereotypen ihrer Zeit spielt, sie teils ins Übertriebene wendet und dadurch im Sinne Butlers subversiv wirkt. Ihr männlicher Protagonist Albert – wie Schlegel zu Recht und offenbar irritiert feststellt – ist der Inbegriff von Empfindlichkeit, die ihn oftmals niederschlägt. Als Albert etwa seinen guten Freund Lorenzo und seine Geliebte Nanette aus den Augen verliert, reagiert er mit dramatischem Gebärden: „Zu schwach, den zwecklosen Gram mit Vernunftgründen besiegen zu können – zu stark, um mich von seiner Rechtmäßigkeit zu überreden, war ich doppelt unglücklich, weil es mir an innerer Harmonie gebrach. […] Die Wirklichkeit war tot für mich" (Mereau: Blütenalter, S. 26). Im Gegensatz dazu konstruiert Mereau die weibliche Hauptfigur Nanette ganz unverschleiert als das klassische Ideal eines harmonischen Verhältnisses zwischen „kalte[r], ruhige[r] Vernunft und warme[m] innige[m] Gefühl" (Mereau: Blütenalter, S. 41). Nanette ist die reifere Figur, selbstbewusst und (sexuell) erfahren. Auf Schicksalsschläge wie den Tod ihres geliebten Bruders Lorenzo reagiert sie mit herzlicher aber würdevoller Anteilnahme: „Mit den Waffen der Vernunft hatte sie mit ihrem Schmerz gerungen, und ihn nicht verdrängt, aber gebändigt" (Mereau: Blütenalter, S. 56). Indem Mereau die Gefühlsausbrüche auf die männliche Figur verlagert und die weibliche Stolz und Scharfsinn zur Schau stellt, führt die Autorin vor Augen, dass sie die zugrundeliegende patriarchische Logik hinter dem Bild der emotionalen, hilflosen Frau durchschaut und hintertreibt. Gleichzeitig räumt Mereau der männlichen Figur die Möglichkeit ein, sich uneingeschränkt in ihren Emotionen Ausdruck zu verleihen. Insofern Emotionen und (non-)verbales Verhalten mit gesellschaftlichem Status in Verbindung gebracht und Traurigkeit oder Schamgefühl als genderadäquat nur für das untergeordnete Geschlecht

---

24 Katharina von Hammerstein: „In Freiheit der Liebe und dem Glück zu leben". Ein Nachwort zu Sophie Mereaus Romanen". In: *Sophie Mereau-Brentano: Das Blütenalter der Empfindung. Amanda und Eduard.* Hrsg. von Katharina von Hammerstein. München: dtv 1997, S. 263–286; hier S. 271.

wahrgenommen werden,[25] greift Mereau mit ihrer Genderdarstellung die Hierarchie zwischen den Geschlechtern an. Dass ihr Text sich den Normen, die individuelle Freiheit beschränken, entgegenstellt, zeigt sich provokant überdies daran, dass Albert zwar in seiner männlichen (vgl. „im männlichen Herzen" Mereau: Blütenalter, S. 23) nicht jedoch in seiner sexuellen Identität festgelegt zu sein scheint. Wie oben erwähnt sucht er „nach einem Wesen" (Mereau: Blütenalter, S. 13), fixiert sich also nicht auf die Geschlechtszugehörigkeit eines Gefährten. Erst nachdem er Nanette das erste Mal begegnet, nimmt er Frauen als solche verstärkt wahr: „Jedes weibliche Wesen erregte einen höhern Grad von Interesse als vorher bei mir" (Mereau: Blütenalter, S. 16). Schließlich kann man in der Beschreibung der innigen Beziehung mit seinem Freund Lorenzo – „Albert, rief er in der ersten schönen Stunde, wo er mich in seine Arme schloß, du hast mir ein Herz gegeben" (Mereau: Blütenalter, S. 21) – verliebte Züge erkennen.

Die Anziehungskraft zwischen Albert und Nanette begründet Mereau in einer inneren Übereinkunft ihrer Figuren als „Kinder[...] der Natur" (Mereau: Blütenalter, S. 17). Bei ihrem ersten kurzen Gespräch stellt Albert fest: „Wir kannten und verstanden uns" (ebenda). Obwohl Mereau ihre Figuren so zeichnet, dass Nanette „in ihrer Selbstbildung viele Schritte vor [Albert] voraus getan [hat]" (Mereau: Blütenalter, S. 56) und die männliche Figur von der weiblichen lernt, stimmen sie grundsätzlich in ihrer Werthaltung überein. Sie teilen dieselben liberalen Werte von Freiheit und Selbstbestimmung. Bezeichnenderweise wird Albert auf Nanette aufmerksam, als er einen Meinungsaustausch zwischen ihr und ihrem Geliebten überhört. Auf die kränkende Zurückweisung des Liebhabers reagiert Nanette mit „ruhiger Feinheit und treffendem Witze" (Mereau: Blütenalter, S. 14), wie Albert fasziniert bemerkt. Von Nanettes stolzem Selbstbewusstsein „einer siegesgewohnten Herzensbezwingerin" (Mereau: Blütenalter, S. 15) fühlt sich Albert nicht bedroht oder abgestoßen sondern angezogen. Nanette begegnet in Albert im Gegenzug einem vorurteilsfreien Menschen, der wie sie an die Gleichberechtigung zwischen den Geschlechtern glaubt. Kritisch lässt Mereau ihre männliche Figur Albert konstatieren: „Wo haben wohl Weiber das Recht, sich unmittelbar des Schutzes der Gesetze freuen zu dürfen? – Sind sie nicht allenthalben mehr der Willkür des Mannes unterworfen? Wie wenig wird noch jetzt auf ihre natürlichen Rechte, auf den ungestörten Genuß ihrer Freiheit und ihrer Kräfte Rücksicht genommen!" (Mereau: Blütenalter, S. 43)

Mereau präsentiert dem Leser folglich ein alternatives Deutungsangebot des Verhältnisses zwischen den Geschlechtern. Statt Mann und Frau als binäre Pole zu verstehen, bei dem der eine Pol den anderen beherrscht, trifft ihr Text

---

25 Vgl. Laura Citrin, Tomi-Ann Roberts und Barbara Fredrickson: Objectification Theory and Emotions. A Feminist Psychological Perspective on Gendered Affect. In: *The Social Life of Emotions*. Ed. by Larissa Tiedens und Colin Wayne Leach. Cambridge: Cambridge University Press 2004, 203–223; hier S. 206–207.

die Aussage, dass Gendernormen ein gesellschaftliches Korsett darstellen, die das Individuum beschränken. In Mereaus Naturzustand sind die Menschen frei von normativen Zwängen. Erst in einem sozialen Kontext „läuft [d]er [Mensch] Gefahr, daß eine fremde Vernunft ihr Siegel auf seine Eigentümlichkeit drücke" (Mereau: Blütenalter, S. 13). Mereaus Ideal, so wie es sich aus dem Text herauslesen lässt, ist eine partnerschaftliche Beziehung zwischen den Geschlechtern, die von einer gesellschaftlichen Ordnung strukturell ermöglicht werden soll. Sprachlich drückt sich dies auch in einem „more gender-inclusive"[26] Vokabular aus. Insbesondere der Begriff „Mensch" findet immer wieder Verwendung " (z. B. im Vorwort, Mereau: Blütenalter, S. 9 und an weiteren Stellen wie S. 11–13). Nur wenn geschlechtliche Differenz eine Rolle spielt – etwa wenn sich Nanette auf einen Lebenspartner bezieht, Albert sich in seiner Männlichkeit gekränkt fühlt oder die Figuren auf die rechtliche Ungleichstellung eingehen (vgl. Mereau: Blütenalter, S. 42; 23; 43) – scheint Mereau bewusst genderdifferenzierende Begriffe zu wählen und ihre Leser auf diese Weise an einen veränderten Blick auf Genderidentität heranzuführen. Dabei erfahren die Gegner dieser ideologischen Position im diskursiven Kampf über die Deutungshoheit eine deutliche Abwertung in Mereaus Roman. So bewertet Mereaus Erzähler Albert Luises Vater, der ein wertkonservatives Weltbild vertritt und deshalb die Verbindung zwischen Lorenzo und seiner Tochter verbietet, extrem geringschätzend. Für den Selbstmord Lorenzos, den Mereau als Protagonisten überaus positiv konstruiert und dessen Tod von Albert, Nanette und einem mitfühlenden Leser als schmerzlich empfunden wird, macht Albert Luises Vater persönlich mitverantwortlich. Albert spricht ihm infolgedessen gar seine Menschlichkeit ab: „Dieser Mann war kein böser Mensch; er war weniger. Ohne Charakter, furchtsam und schwach hielt sich seine kränkelnde Vernunft ängstlich an die seelenlosen Formen des vergangenen Jahrhunderts, deren Geist er nicht einmal verstand" (Mereau: Blütenalter, S. 51).

4. Fazit: Das Ende des Differenzdilemmas?

Das Aushandeln der normativen Interpretation geschlechtlicher Differenz ist ein ideologischer Kampf, in dem sich das Machtverhältnis 200 Jahre nach Sophie Mereau langsam in Richtung der liberalen Sichtweise zu verschieben scheint. Geschlechtliche Zugehörigkeit und Genderidentität bestimmen nicht, welches ideologische Lager die individuellen Subjekte im Diskurs vertreten. Sie bilden den Bezugspunkt für heteronormative gesellschaftliche Strukturen, die die Möglichkeiten von Individuen vorzeichnen und die der dominante patriarchische Diskurs legitimiert. Insofern macht es Sinn, Me-

---

26 Von Hammerstein: Human Rights, S. 103. (Anm. 17)

reaus Geschlechtszugehörigkeit zu thematisieren, um ihren strukturellen Erfahrungshorizont als schreibende Frau zu beleuchten. Daraus Rückschlüsse auf Gehalt und Gestalt ihrer literarischen Stimme zu ziehen, ist hingegen nicht zweckdienlich, wenn die binäre Deutung vom Verhältnis zwischen den Geschlechtern nicht weiter unterfüttert werden soll.

Aus Sicht einer patriarchischen Literaturgeschichte erscheint es durchaus einleuchtend, Mereau und ihr Werk auf Grundlage „von geschlechtsspezifischen Zuschreibungen, von einem Frauen ausschließenden Kunstverständnis, von Desinteresse an deren Werken und von moralischen Bewertungen der Person analog den jeweiligen [vertretenen] Weiblichkeitsbildern"[27] despektierlich zu behandeln. Denn ihr Erfolg im Literaturbetrieb um 1800 und ihre (gender)politische literarische Stimme untergraben eine patriarchische Position. Aus feministischer Sicht ist es schwieriger, mit weiblichen Literaten und ihren Werken umzugehen. Weil die Systematik bei der Vernachlässigung und Verdrängung von weiblichen Stimmen angezeigt und kritisiert werden soll, werden die Schriftstellerinnen der Romantik oftmals als Gruppe behandelt. In der Gruppe haben sie mehr Agency, denn ihre Präsenz und Stimme ist viel sichtbarer. Um dem eigenen Anliegen aber gerecht zu werden, die Heterogenität von Genderidentität und individuelles Leistungsvermögen zu würdigen, muss Gender in seiner Vielfalt als produktiv und nicht als Beschränkung wahrgenommen werden. Andrea Rinnert schlägt vor, „Autorschaft in Abhängigkeit von der Kategorie Geschlecht neu zu denken: als soziale Praxis, in der eine als Frau oder Mann konstituierte Autorinstanz mit den Diskursen kreativ umgeht, deren Schnittpunkt sie ist".[28] Tun wir dies für Mereaus *Das Blütenalter der Empfindung*, stellen wir fest, dass die implizierte weibliche Autorschaft mit dem literarischen Text und seiner Aussagekraft in enger Verbindung steht. Dass Mereau ihren männlichen Erzähler im Kontrast zu einer selbstbewussten weiblichen Protagonistin als derart empfindlich konstruiert, wirkt umso subversiver, wenn wir wissen, dass eine einsichtsvolle „Verfasserin" (Mereau: Blütenalter, S. 9) vorherrschende Gendernormen parodistisch konfrontiert. Es ist dann kein Widerspruch, wenn die Autorin gleichzeitig individuelle Ausdrucksmöglichkeiten jenseits binärer Gendernormen zu begrüßen scheint und ihre sensiblen männlichen Protagonisten zu Sympathieträgern macht. Denn zunächst muss der Leser auf seine eigene heteronormative Weltsicht hingewiesen werden.

Sophie Mereaus über 200 Jahre alter Text ist hochaktuell, auch wenn der literarische Stil und die diskursiven Referenzen auf gesellschaftliche Gegebenheiten einer anderen Epoche entstammen. Was Mereaus Text uns heute zeigt ist, dass die patriarchische Ideologie sich nicht auf eine jahrhundertelange Tra-

---

27 Bremer: Umgang mit Sophie Mereau, S. 389. (Anm. 5)
28 Andrea Rinnert: *Körper, Weiblichkeit, Autorschaft: eine Inspektion feministischer Literaturtheorien.* Königstein: Helmer 2001 (Frankfurter feministische Texte. Literatur und Philosophie, Bd. 5), S. 141.

dition berufen kann. Stimmen, die eine Alternative zum hierarchischen Verhältnis zwischen den Geschlechtern aufzeigen, gibt es bereits Ende des achtzehnten Jahrhunderts. Was die junge Disziplin der Gender Studies etwa in der Unterscheidung zwischen Sex und Gender ausdrückt, finden wir bei Mereau in ihrem Konzept des Naturzustandes. Die Beschäftigung mit Stimmen wie der ihren kann die Mechanismen eines Diskurses transparenter machen, der missliebige Beiträge diskreditiert, und die Idee von einem gleichberechtigten, partnerschaftlichen Verhältnis zwischen den Geschlechtern einer breiteren Öffentlichkeit zugänglich.

Heinz Rölleke

Zur Symbiose von *Wunderhorn* und Grimms *Kinder- und Hausmärchen*

Ein hessisches Kettenmärchen in den Volksliteratursammlungen der Romantik und sein spätes Echo bei Karl Lebrecht Immermann.

Die enge Zusammenarbeit zwischen den schon als Dichter arrivierten Romantikern Achim von Arnim und Clemens Brentano mit den jugendlichen Brüdern Grimm gründete bekanntlich[1] in deren Mitarbeit an den 1808 erschienenen „Wunderhorn"-Bänden. Die Verbindung war durch Grimms akademischen Lehrer Friedrich Karl von Savigny, den Schwager Brentanos, zustande gekommen. Am 22. März 1806 hatte ihm Brentano geschrieben:

> Haben Sie in Kassel keinen Freund, der sich dort auf der Bibliothek umtun könnte, ob keine alten Liedlein dort sind, und der mir dieselben kopieren könnte?[2]

Am 28. Juni 1806 setzte sich Brentano brieflich erstmals mit Jacob Grimm in Verbindung. Er und sein Bruder Wilhelm nahmen sozusagen postwendend und überaus erfolgreich ihre Mitarbeit an der Liedersammlung auf. Auf die Dauer blieb es nicht beim Interesse für alte (Volks)Lieder; schon am 17. Dezember 1805 hatte Arnim im „Reichs-Anzeiger" eine „Aufforderung" veröffentlicht, in der es am Ende heißt:

> [...] alte mündlich überlieferte Sagen und Mährchen werden mit der Fortsetzung dieser Sammlungen sich verbinden.[3]

Wohl Anfang 1806 zeigt sich in einem Stichwortnotat Brentanos, dass er spätestens seit dieser Zeit auf der Suche nach märchenhaften Geschichten war:

> Hänchen und Hünchen. Mäuschen und Bratwürstchen.[4]

Ein Zeugnis für die Einbeziehung der Brüder Grimm in diese Suche nach märchenhaften Sujets für die „Einsiedler"-Zeitung und für Brentanos Zwe-

---

1 Vgl. u. a. Heinz Rölleke: Die Beiträge der Brüder Grimm zu „Des Knaben Wunderhorn". In: *Brüder Grimm Gedenken*. Bd. 2. Hrsg. von Ludwig Denecke. Marburg 1975, S. 28–42. – Allerdings findet sich neuerlich im Artikel „Volkslied" (*Enzyklopädie des Märchens*. Bd. 14. Hrsg. von Rolf Wilhelm Brednich. Berlin und Boston 2011, Sp. 332–350) kein Hinweis auf diesen Aufsatz, und das Erscheinen der Historisch-Kritischen reich kommentierten „Wunderhorn"-Ausgabe (6 Bde. Hrsg. von Heinz Rölleke. Stuttgart u.a. 1975–1978 [= Frankfurter Brentano Ausgabe Bd. 6–9.3; künftig FBA]) wurde offenbar überhaupt nicht zur Kenntnis genommen.
2 Ebenda, S. 30.
3 FBA Bd. 8, S. 548.
4 FBA Bd. 8, S. 469.

cke ist die Anfang 1808 entstandene, bis heute nicht hinreichend erläuterte Mischhandschrift mit dreizehn entsprechenden Stichworten auf einem Papierblatt:

> Schneider Wappen [...]
> Selbstbiographien von Einsiedlern
> Die Beichten
> Fausts Porträt
> Jacopone de Tuterdo
> Bernhäuter
> Ueber zweierlei Wirthe
> Schelmufsky
> Gaston
> Cöllnische Chronik
> Schlußsymphonie
> Erznarren
> Närrische Briefe.[5]

In Grimms Märchen lassen sich später zwei Spuren finden: Zum Hinweis auf Grimmelshausens „Bernhäuter" ist „Der Bärenhäuter" (KHM 101) zu vergleichen; ein Motiv aus Christian Weises Satire von 1672 „Die drey ärgsten Ertz-Narren in der gantzen Welt" begegnet im Märchen „Das tapfere Schneiderlein" (KHM 20).[6]

Die Arbeiten am „Wunderhorn" und die Suche nach Märchen gingen endgültig ab Anfang 1809 nahtlos ineinander über. Entsprechende Bemühungen waren jedoch schon früher sporadisch Hand in Hand gegangen; dafür zeugen natürlich vor allem die ersten Märchenniederschriften der Brüder Grimm für Brentano ab dem Spätherbst 1807.[7]

Hatten die Brüder Grimm zu Beginn ihrer wissenschaftlichen und literarischen Arbeiten hinlängliche Vorbilder – etwa in Herders „Volksliedern" von 1778/19 und vor allem im gerade erst 1805 erschienenen ersten „Wunderhorn"-Band –, so mangelte es daran spürbar für ihre Sammlung und Auswertung von schriftlich und mündlich überlieferten Märchen und Sagen. Außer den Ratschlägen Brentanos konnten ihnen nur dessen vorausliegende Veröffentlichungen volksliterarischer Prosatexte bei ihren Definitionsversuchen und ihrem praktischen Umgang mit den gesammelten Materialien helfen. Die genialen und für sie zeitlebens vorbildlichen Märchenniederschriften

---

5 „Die sechs ersten Titel sind von Brentano, die drei folgenden von Wilhelm Grimm aufgeschrieben, die drei letzten wieder mit Röthel von Brentano" (Reinhold Steig: *Clemens Brentano und die Brüder Grimm*. Stuttgart und Berlin 1914, S. 11); da tatsächlich 13 Titel angeführt sind, scheint es sich hier um eine Verzählung zu handeln.
6 Vgl. Heinz Rölleke: „Wie ein Lämmerschwänzchen". In: ders.: *„Alt wie der Wald". Reden und Aufsätze zu den Märchen der Brüder Grimm*. Trier 2006, S. 130–132.
7 Vgl. *Die älteste Märchensammlung der Brüder Grimm*. Hrsg. von Heinz Rölleke. Cologny-Genève 1975, S. 201 und 275: zwei datierte Aufzeichnungen nach Erzählungen von Gretchen Wild.

Philipp Otto Runges („Von dem Machandelboom" und „Von dem Fischer un syner Fru") waren ihnen erst nach 1808 zugänglich geworden.[8] Brentano hatte wohl schon 1805 auf einem Doppelblatt mit Volksliedniederschriften von unbekannter Hand als Memorat Stichworte zur Geschichte vom Hähnchen und Hühnchen sowie zu einer Parabel beim Barockdichter Moscherosch notiert. Am 11. Juli 1806 veröffentlichte er seine Bearbeitung nach Moscherosch in der „Badischen Wochenschrift"; die Grimms nahmen den Text in einer leicht abweichenden Fassung in die Urhandschriften ihrer Märchensammlung auf, sparten sie aber in ihrer Einsendung des Konvoluts an Brentano im Herbst 1810 aus, weil er selbst den Text besaß, boten ihre Bearbeitung aber 1812 in der Erstauflage ihrer Märchen („Von dem Mäuschen, Vögelchen und der Bratwurst"; KHM 23).[9]

Der frühe Brentano'sche Hinweis auf Hähnchen und Hühnchen dürfte ehestens als Erinnerung an ein ihm aus mündlicher Tradition bekanntes Kettenmärchen aufzufassen sein. Dieses fügte er 1808 in den „Kinderlieder"-Anhang zum „Wunderhorn" ein: Es ist unter den 723 Gedichten der Sammlung das einzige, das zum Großteil in Prosa wiedergegeben ist; es stellt also in mancher Hinsicht eine Nahtstelle dar, was den Übergang vom Interesse an Volksliedern zu Volksmärchen bei Brentano, wie was die anfangs gemeinschaftliche Arbeit der Brüder Grimm mit dem romantischen Dichter betrifft. Denn hier begegnete der Text den Brüdern Grimm, den sie wohl ihrerseits aus mündlicher Tradition im Hessischen kannten und den sie 1812 veröffentlichten („Von dem Tode des Hühnchens"; KHM 80). Abweichungen und Übereinstimmungen mit der vier Jahre vorausliegenden Textfassung durch Brentano seien an wenigen Beispielen gezeigt, wobei es unbezweifelbar bleibt, dass die Grimms das sogenannte „Kinderlied" genau zur Kenntnis genommen hatten, so dass es nicht ohne Einfluss auf ihre Redaktion blieb.

---

8 Vgl. *Philipp Otto Runge, Jacob und Wilhelm Grimm: „Von dem Machandelboom"; „Von dem Fischer un syner Fru"*. Hrsg. und kommentiert von Heinz Rölleke. Trier 2008.
9 Eine erläuterte Synopse der Märchenfassungen bei Moscherosch, Brentano und Grimm findet sich in: Heinz Rölleke: *Die Märchen der Brüder Grimm. Eine Einführung*. 5. Auflage. Stuttgart 2004, S. 47–54.

Brentano[10]	*Grimm*[11]
Ein Hünchen und ein Hänchen sind miteinander in die Nußhecken gegangen, um Nüsse zu essen [...] Hünchen [...] hat aus Neid den Nußkern ganz verschluckt, der ist ihm aber im Halse stecken geblieben [...] da hat es geschrieen: lauf zum Born und hol mir Wasser	Auf eine Zeit ging das Hühnchen mit dem Hähnchen in den Nuß-berg, waren da lustig und aßen Nüsse zusammen [...]. [...] fand das Hühnchen eine so große Nuß [...] und blieb ihm im Hals ste-cken

Nun setzt das eigentliche Kettenmärchen ein, in dem Hähnchen auf seiner Suche nach Wasser immer eine Station weitergeschickt wird, wo es zunächst helfen soll. Es sind in beiden Fassungen der Born, die Braut, das Brautkränz-lein auf der Weide, ehe die Braut dem Hähnchen (rote) Seide und der Born dafür Wasser gibt; aber es ist zu spät: „Hünchen war erstickt,/ Hat den Nuß-kern nicht verschluckt" (Brentano); „Hühnchen [...] war dieweil [...] erstickt und lag da todt" (Grimm). Brentano hat das durch ständige Wiederholungen anschwellende Kettenmärchen in 31 Verse gefasst, die Grimms bleiben bei der Prosaform.

Brentano	*Grimm*
Da war das Hänchen sehr traurig und hat ein Wägelchen von Wei-den geflochten, hat sechs Vögel-chen davor gespannt	Da war das Hähnchen so traurig, daß es laut schrie [...] und sechs Mäuse bauten einen kleinen Wa-gen [...] spannten [...] sich davor

Damit beginnt eine weitere Reihenerzählung, wenn ein Tier nach dem an-dern das Wägelchen mit dem toten Hünchen besteigt, als erstes der Fuchs, den das Hähnchen (bei Brentano und Grimm) mit den Versen einlädt

Sitz [Ja, aber setz dich] hinten auf den Wagen,
Vorne könnens meine Pferdchen nicht vertragen.

Bei Brentano werden dann nur kurz noch Löwe und Bär genannt, ehe ein Floh das Achtergewicht bildet: „aber der war zu schwer", so dass das „Wägelchen mit aller Bagage mit Mann und Maus im Sumpfe ertrunken" ist. Bei Grimm erscheint die Reihung üppiger und märchengerechter; da sind es neben dem Fuchs „der Wolf, der Bär, der Hirsch, der Löwe und alle Thiere in dem Wald". Aber ab hier divergieren die beiden Fassungen erheblich. In Brentanos Ver-sion heißt es zu Beginn des relativ kurz gefassten Finales: „das Hänchen ist allein davon gekommen. Ist auf den Kirchthurm geflogen, da steht es noch [...] und paßt auf schönes Wetter"; auf Hühnchens Grab im Sumpf aber

---

10 FBA Bd. 8, S. 260–262.
11 *Kinder- und Hausmärchen. Ges. durch die Brüder Grimm. Nach dem Handexemplar.*
Hrsg. von Heinz Rölleke. Göttingen 1996, Bd. 1, S. 358–360.

wuchsen „Kraut und Gras" sowie in Anspielung auf die verunglückten Tiere „Hünerdarm und Hahnenfuß und Löwenzahn und Fuchsia, und lauter solche Geschichten und wer sie nicht weis, der muß sie erdichten". So schließt die „Wunderhorn"-Fassung mit der endgültigen Versetzung des Hähnchens auf die Kirchturmspitze (eine der vielen von Brentano erfundenen Aitiologien – hier von der Entstehung der Kirchturmhähne). Damit wird zugleich eine kontinuierliche Reihe von insgesamt fünf Kinderliedern abgeschlossen, die sämtlich von Hühnern und Hähnen handeln.

Die Geschichte bei den Brüdern Grimm lenkt zuletzt in eine Kontamination mit Motiven aus dem Märchen „Strohhalm, Kohle und Bohne", das schon in der handschriftlichen Urfassung von 1810 stand.[12] Hähnchen begrub sein Hühnchen schließlich [...] und grämte sich so lang, bis es auch starb, und da war alles todt".[13]

Die Brüder Grimm erkannten und wussten sogleich, dass Brentanos aitiologi-sches Märchenfinale ganz auf sein Konto ging, denn sie hatten in ihrem heute leider verschollenen Handexemplar des „Wunderhorns" notiert: „Von hier ab Zusatz Brentanos".[14]

Die Veröffentlichungen desselben Märchens in mehr oder weniger divergie-renden Bearbeitungen zeigt zum einen noch einmal die enge Zusammenar-beit Brentanos und der Brüder Grimm auf dem volksliterarischen Feld, lässt aber zum andern auch schon erkennen, dass man auf die Dauer getrennte Wege gehen würde,[15] unter anderem weil die Grimms selbstherrliche Wei-terdichtungen der tradierten Geschichten und überhaupt Einbringung sonst nicht belegter Motive (wie in diesem Fall etwa die groteske Berufung des Flohs) rigoros ablehnten. Brentano selbst war von der Art der Aufnahme und den ersten Bearbeitungstendenzen der Grimms restlos enttäuscht, wie sich

---

12 Der Schlussteil zu ihrer Kontamination war den Grimms in einer Erzählung der Kasseler Familie Engelhardt begegnet, denn Wilhelm Grimms Eintrag in seinem KHM-Handexemplar lautet: „das Ende von Oberst Engelhardts" (wie Anm. 11, S. 360).

13 Das Kettenmärchen mit Stationen bei Mond, Sonne, Sternen und Erde, das in Büchners „Woyzeck" die Großmutter erzählt, beginnt mit der vergleichbaren Schil-derung eines Kindes, dem alle weggestorben sind, so dass es ganz allein auf der Welt blieb: „Es war eimal ein arm Kind und hat kei Vater und kei Mutter war Alles todt"; auch die Schlussformulierung, Hähnchen sei nur „noch allein" übrig geblieben, klingt bei Büchner zuletzt an: „und war ganz allein und da hat sich's hingesetzt und geweint und da sitzt es noch und ist ganz allein" (Georg Büchner: *Sämtliche Werke*. Hrsg. von Werner R. Lehmann. Bd. 1. Reinbek 1977, S. 152–153).

14 *Wunderhorn*. Hrsg. von Josef Ettlinger. Halle a. d. S. 1891, S. 786. – Etlinger konnte noch mit dem Handexemplar der Grimms arbeiten (früher UB Berlin Yi 121), hat dieses aber nur sporadisch ausgewertet.

15 Vgl. Heinz Rölleke: Clemens Brentano und die Brüder Grimm im Spiegel ihrer Märchen. In: ders.: *Die Märchen der Brüder Grimm*. Ges. Aufsätze. 2. Aufl. Trier 2004, S. 57–66.

aus seiner undankbaren Missachtung der ihm von den Grimms Ende 1810
zugesandten handschriftlichen Sammlung und erst recht aus seiner harschen
und ungerechten Reaktion auf den 1812 erschienenen ersten Märchenband
zweifelsfrei erkennen lässt:

> „Ich finde die Erzählung, (aus Treue) äußerst liederlich, und versudelt, und in
> Manchen dadurch sehr langweilich, wenngleich die Geschichten sehr kurz sind.
> Warum die Sachen nicht so gut erzählen als die Rungeschen erzählt sind, sie sind
> in ihrer Gattung vollkommen. Will man ein Kinderkleid zeigen, so kann man es
> mit aller Treue, ohne eines vorzuzeigen, an dem alle Knöpfe herunter gerißen,
> das mit Dreck beschmiert ist, und wo das Hemd den Hosen heraushängt. […] ich
> könnte zum Beispiel wohl Zwanzig der Besten aus diesen Geschichten auch getreu
> und zwar viel besser oder auf ganz andere Art schlecht erzählen […]. Ich habe bei
> diesem Buch empfunden, wie durchaus richtig wir beim Wunderhorn verfahren,
> und das man uns höchstens gröseres Talent hätte zumuthen können; denn derglei-
> chen Treue, wie hier in den Kindermärchen macht sich sehr lumpicht".[16]

Der Welterfolg der Grimm'schen Märchen und ihre gattungsspezifischen
Vorgaben für unzählige nachfolgende Sammlungen erweisen Brentanos ver-
ärgerte Kritik als ungerechtfertigt. Dass er in seinen wunderbaren Märchen-
dichtungen einen eigenen Weg ging, hat über jeden Prinzipienstreit hinaus zu
einer kostbaren Bereicherung der Gattung ‚Märchen' im Besonderen und der
literarischen Welt im Allgemeinen beigetragen.

Die ersten dichterischen Rezeptionen konnten nicht auf Brentanos Kunstmärchen wegen ihres späten Erscheinungsdatums (posthum 1846) zurückgreifen;
so bediente man sich fast ausschließlich der Grimm'schen Sammlung.[17]

Am Beispiel des Kettenmärchens von Hühnchen und Hähnchen aber ist ein
Vergleich hinsichtlich der Wirkung auf und der Wertschätzung durch spätere
Autoren möglich, denn hier lagen ja in der „Wunderhorn"-Fassung Brentanos
und in der Märchenfassung der Brüder Grimm zwei etwa gleichzeitig erschienene, auf gewissen Weise konkurrierende Ausführungen vor. Dass auch in
diesem Fall Grimms eindeutig der Vorzug gegeben wurde, erhellt aus zwei
einigermaßen unvermuteten, bislang in diesem Zusammenhang nicht in Er-
wägung gezogenen Belegen im Werk Karl Lebrecht Immermanns, der nach
manchen Zeugnissen in seinen Dichtungen sowohl mit dem „Wunderhorn"
wie mit Grimms Märchen gut vertraut war.

1830 erschien seine Novelle „Der Carneval und die Somnambule". Der Ich-
Erzähler ist zum Karneval nach Köln gereist, gerät aber statt an den Umzug in
eine merkwürdige Gesellschaft, in der er die angeblich somnambule Sidonie
(tatsächlich seine ihm nachgereiste eigene Frau), in einem Pilgerkleid mas-

---

16 Brief an Achim von Arnim, Anfang Februar 1813 (*Achim von Arnim und Clemens
Brentano: Freundschaftsbriefe.* Bd. 2. Hrsg. von Hartwig Schultz. Frankfurt a.M. 1998,
S. 672–673).
17 Vgl. Heinz Rölleke: Grimms Märchen und die Weltliteratur. In: ders.: „*Alt wie der
Wald*". Wie Anm. 6, S. 189–203.

kiert, wieder trifft. Er soll etwas Lustiges vortragen, berichtet aber mit Pathos von den schlimmen politischen Unruhen in Portugal, was die herumalbernde Pilgerin mit Gelächter und einer ironischen Antwort quittiert:

> „Sie wollte sich totlachen über dieser Probe meiner Heiterkeit und meinte, die ganze Geschichte rühre sie nicht so sehr als das traurige Ende des armen Hühnchens, welches mit dem Hähnchen in die Nußhecken[18] ging, Nüsse zu pflücken, und an einem Kerne erstickte. – Ich werde euch eine Tragödie davon vorstellen, sagte mein Schwager [...] und trug mit Schattenspiel an der Wand in barocken Versen jenes alberne Kindermärchen, dessen man sich vielleicht aus der Grimm'schen Sammlung erinnert, dramatisch vor. Sidonie war ganz entzückt von dem Stücke, sprach kauderwälsche lyrische Chorstrophen dazwischen".[19]

Es kam hier darauf an zu zeigen, dass Immermann wie fast alle seine dichterischen Zeitgenossen Grimms Märchen rezipiert, wenn es um Übernahmen aus der Volkspoesie geht; denn Immermann gibt hier der Grimm'schen Fassung den Vorzug vor dem „Wunderhorn". Die abschätzige Wertung des Märchens und seiner inadäquaten Umsetzung als Schattenspieltragödie („Gallimathias") muss nicht als auktoriale Aussage gewertet werden, da sie der pseudonaiven ,Sidonie' und dem humorlosen Ich-Erzähler zugeschrieben sind.

Dass Immermann das Kindermärchen tatsächlich ernst nahm und in seinem poetischen Wert zu schätzen wusste, zeigt sich verdeckt in seiner letzten, Fragment verbliebenen Dichtung „Tulifäntchen" (posthum 1841 erschienen). In höchster Ironie wird hier vom Tod des eminent denkschwachen Tenors Fis von Quinten berichtet,[20] der an einem falschen Triller erstickt ist:

> Schmetternd schlug ein runder Triller
> Aus dem Mund des Guitarristen
> Gleich dem Blitz in blaue Lüfte,
> Wurde schwächer dann und bebte
> Aus dem Bock, dem sogenannten.
> Dieser erste Fehler kündet
> An des Sängers letzte Stunde:
> Nieder sinkt das Haupt, gebrochen
> Starr'n die Augen; fälschlich trillernd
> Stirbt der Ritter Fis von Quinten.
> Tulifäntchen saß beweget
> Auf der Brust des Todten, weinte:
> „Rächen will ich Fis von Quinten,
> Retten will ich Balsaminen!"

Als Tulifäntchen zu seiner Fahrt gegen den Riesen aufbrechen will, bitten ihn in Form eines Kettenliedes „Bauer", „Schäfer", „Apfelbaum, „die Luft" und „die Sonne" auch sie zu rächen. Er verspricht es allen und den erschlagenen

---

18 Hier könnte man eine Reminiszenz an Brentanos Märchenfassung vermuten, die im Unterschied zu Grimm („Nußberg") diese Bezeichnung hat.
19 *Immermann's Werke*. 8. Teil. Hrsg. von Robert Boxberger. Berlin o.J., S. 117.
20 2. Gesang „Ritter Fis von Quinten" (ebenda, 12. Teil, S. 54–56).

Riesen ins Grab zu bringen:

> „Süßer, goldner Quell des Tages,
> Ich will bergen ihn im Grabe!"
> Auf vom Leichnam sprang begeistert
> Unser liebenswürd'ges Heldchen[21].

Die subtilen, mild ironischen Anspielungen auf das Grimm'sche „Hähnchen"-Märchen sind unübersehbar. Wie Hühnchen an einem zu großen Nusskern erstickt, so der Ritter vom hohen Fis an einem falschen Triller. Tulifäntchen übernimmt als „Heldchen" die Rolle des Hähnchens, indem es um seinen verstorbenen Freund weint[22], sich aber auch die Klagen und Bitten der vom Riesen Geschädigten anhört und ihre Anliegen sozusagen mit auf seine Fahrt nimmt. Auch deren Ziel ist ein „Grab", wenn auch in anderm Sinn als im alten Kettenmärchen.

In Immermanns direkten und subtilen Anspielungen auf Grimms schlichtes Kindermärchen ist ein weiterer Beleg für die frühe und immense Wirkungs-geschichte der „Kinder- und Hausmärchen" nachgewiesen.

---

21 Man kann hier ohne Weiteres das äquivoke Wort „Hähnchen" substituieren.
22 Vgl. bei Grimm: „[…] da war dieweil das Hühnchen erstickt und lag da todt, und regte sich nicht. Da war das Hähnchen so traurig, daß es laut schrie, und kamen alle Thiere […]".

Anna Sievert

Die Neue Mythologie in Fouqués *Undine*

Ich gehe gleich zum Ziel. Es fehlt, behaupte ich, unsrer Poesie an einem Mittelpunkt, wie es die Mythologie für die der Alten war, und alles Wesentliche, worin die moderne Dichtkunst der antiken nachsteht, läßt sich in die Worte zusammenfassen: Wir haben keine Mythologie. Aber setze ich hinzu, wir sind nahe daran eine zu erhalten, oder vielmehr es wird Zeit, daß wir ernsthaft dazu mitwirken sollen, eine hervorzubringen.[1]

So schrieb Friedrich Schlegel 1800 in seinem *Gespräch über die Poesie* im dritten Band seiner Zeitschrift *Athenäum* im ersten und zweiten Stück und entwirft im Folgenden sein Konzept einer ‚Neuen Mythologie‘. Einer Idee, die in der Frühromantik stark diskutiert wurde und zu dessen Theoretikern er neben Hegel, Schelling und Novalis gehörte.

Die Neue Mythologie ist ein komplexes Konstrukt, in typischer frühromantischer Erarbeitung. So gibt es weder eine gemeinsame Theorie, noch beanspruchen die verschiedenen, sich in Schwerpunkt und Ausrichtung durchaus unterscheidenden, Ansätze für sich eine abgeschlossene Systematik zu besitzen. Das Ziel war hochgesteckt: Sie sollte einer immer weiter zersplitternden Moderne künstlich zu einem neuen Zentrum verhelfen und dadurch zu einer neuen Einheit.

Gemein ist den Konzepten der neuen Mythologie der Idealismus als Grundlage.[2] Hier ist ein maßgeblicher Einfluss Fichte und seiner frühen Wissenschaftslehre zuzuschreiben. Fichte glaubt, im absolut freien Wesen des ‚Ich‘, das sich die Wirklichkeit selbst setzt, die unabhängige systematische Basis gefunden zu haben, von welcher aus man Philosophie betreiben könne. Für den Romantiker bedeutet dies nun, dass der Mensch Geschöpf und Schöpfer zur gleichen Zeit ist: „Alles außer ihm ist nur ein anderes in ihm, alles ist Wiederschein seines Geistes, so wie sein Geist der Ausdruck von allem ist".[3]

Dieser wirkt nun zusammen mit der modernen Naturphilosophie Schellings. Darin ist die ursprüngliche Einheit entzweit, die Mensch und Natur

1 Schlegel, Friedrich: *Rede über die Mythologie*. In: Friedrich Schlegel: *Kritische Friedrich-Schlegel-Ausgabe*. Erste Abteilung, Bd. 2. Hrsg. von Ernst Behler. Zürich: Verlag Ferdinand Schöningh 1967, S. 312.

2 Buchholz, Helmut: *Perspektiven der Neuen Mythologie. Mythos, Religion und Poesie im Schnittpunkt von Idealismus und Romantik um 1800*. Frankfurt am Main: Peter Lang 1990 (Berliner Beiträge zur neueren deutschen Literaturgeschichte, 13), S. 193–201.

3 Strich, Fritz: *Die Mythologie in der deutschen Literatur von Klopstock bis Wagner*. Unveränd. reprograph. Nachdruck d. 1. Aufl. Bd. 2. Halle an der Saale: Niemeyer 1970, S. 3.

miteinander verband. Beides ist jedoch dialektisch aufeinander bezogen, es gibt immer noch einen inneren Zusammenhang. Der Abfall des Menschen vom Naturganzen ist zum einen ein Entfernen von seinen Ursprüngen, zum anderen aber auch notwendige Voraussetzung, um auf einer weiteren Reflexionsebene eine neue, höhere Einheit zu bilden. Eine Harmonie, die beide Seiten anstreben. Hier findet sich der philosophische Unterbau für einen „Lieblingsgedanke[n] der ganzen Romantik[...]: die Sehnsucht der elementarischen Natur nach Beseelung"[4], die im Zusammenspiel durch den Menschen möglich ist und in *Undine* eine zentrale Rolle spielt.

Drittes Glied der neuen Mythologie war die Poesie selbst, deren Bedeutung für die Romantik wohl kaum zu hoch eingeschätzt werden kann.[5] Aus ihr sollte sie einerseits hervorgehen, ihr – paradoxerweise – gleichzeitig aber auch als Quelle dienen.[6]

Aber wie sollte so eine Neue Mythologie aussehen?

Eine große Rolle spielte der Mythensynkretismus, die Kombination verschiedener Mythen, zu der unter anderem Schlegel auffordert:

„Warum wollt ihr euch nicht erheben, diese herrlichen Gestalten des großen Altertums neu zu beleben?[...] Aber auch die andern Mythologien müssen wieder erweckt werden[...], um die Entstehung der neuen Mythologie zu beschleunigen".[7]

Schelling wiederrum legt einen besonderen Schwerpunkt auf die Einpflanzung der christlichen Religion in die Natur. Als Inbegriff des Mythischen gilt ihm die griechische Mythologie. Die Götter in ihr haben ihren Ursprung in der Natur, für deren Erklärung sie erschaffen wurden. Seine Idee formuliert er wie folgt:

> Man muß der christlichen Bildung nicht die realistische Mythologie der Griechen aufdringen wollen, man muß vielmehr umgekehrt ihre idealistischen Gottheiten in die Natur pflanzen, wie die Griechen ihre realistischen in die Geschichten. Dieß scheint mir die letzte Bestimmung aller modernen Poesie zu seyn[...][8]

Um zu Göttern zu werden und für die Kunst im gleichen Schritt auch fruchtbar zu sein, mussten die „Naturwesen"[9] der griechischen und römischen

---

4 Ebenda, S. 296.

5 Vgl. Stockinger, Ludwig: Die Auseinandersetzung der Romantiker mit der Aufklärung, 5. Aufklärerisches und romantisches Kunstkonzept: Das Problem der Naturnachahmung und die Autonomie der ästhetischen Kommunikation. In: *Romantik-Handbuch*. Hrsg. von Helmut Schanze. Stuttgart: Kröner 2003, S. 98–99.

6 Vgl. Schwering, Markus: Die Neue Mythologie. In: *Romantik-Handbuch*. Hrsg. von Helmut Schanze. Stuttgart: Kröner 2003, S. 383.

7 Schlegel: *Rede Mythologie*, S. 319 (Anm. 1).

8 Schelling, Friedrich Wilhelm Joseph: Philosophie der Kunst. (Aus dem handschriftlichen Nachlaß.). In: *Sämtliche Werke*. Abt. 1, Bd. 5. Hrsg. von Karl Friedrich August Schelling. Stuttgart und Augsburg: Cotta 1859, S. 449.

9 Ebenda, S. 428.

Mythologie „historische Wesen"[10] werden. Sie ist insofern eine realistische Mythologie, als es eine sinnliche ist. Im Kontrast dazu steht die Mythologie des Christentums, die nicht realistisch, sondern idealistisch ist, nicht sinnlich, sondern abstrakt, eine Allegorie für die Unendlichkeit, die es in der griechischen und römischen Mythologie nicht gibt.[11] Sie müssen den Umgekehrten Schritt machen, den die antike Mythologie ging, sie müssen sinnliche Naturgötter werden. Erst eine solche Synergie kann zu einem neuen Mittelpunkt für die Kunst werden und in letzter Instanz der ganzen Gesellschaft ein stabilisierendes Zentrum geben und ein neues Goldenes Zeitalter einläuten.

Die Wirkung der Neuen Mythologie innerhalb der Romantik ist nicht zu leugnen und „aufs Ganze gesehen kaum abzuschätzen".[12] Es gibt mehrere zentrale Werke, die man als Versuch einer Umsetzung der Neuen Mythologie lesen kann, beispielhaft wären da zu nennen *Heinrich von Ofterdingen* von Novalis oder auch Schlegels *Lucinde*.[13] Jedoch bleibt es bei Einzeltexten. Auch wenn es zum genuin romantischen Arbeitsprozess gehörte, eine Theorie gerade nicht zu Ende zu denken, sondern Wiedersprüche und Unklarheiten zuzulassen, sind die Theorien wohl zu wenig konkretisiert worden, zu unverbindlich, um einen weiten Wirkungskreis zu erzielen.[14] Die Zielsetzung, wenn sie auch absichtlich in eine kaum zu erreichende Ferne gerückt wurde, macht es zumindest schwer zu bestimmen, inwiefern die Neue Mythologie scheiterte, oder nicht. Letztendlich wurde der beginnende Zerfall der vormodernen Gesellschaft am Übergang zur Industrialisierung zwar richtig erkannt, verkannt jedoch, dass er nicht aufzuhalten war.[15]

Schon innerhalb der Romantik finden sich kritische Stimmen:

> Eine neue Mythologie ist ohnmöglich, so ohnmöglich, wie eine alte, denn jede Mythologie ist ewig; wo man sie alt nennt, sind die Menschen gering geworden, und die, welche von einer sogenannten neuen hervorzuführenden sprechen, prophezeien eine Bildung, die wir nicht erleben.[16]

Postulierte Brentano in Godwi und rechnet im Folgenden mit der Idee eines goldenen Zeitalters ab:

10 Ebenda.
11 Strich: *Mythologie*, S. 123 (Anm. 3).
12 Schwering: *Neue Mythologie*, S. 389 (Anm. 6).
13 Ist das Romanfragment von Novalis noch in der Frühromantik als Umsetzung der Neuen Mythologie angesehen worden, so ist die *Lucinde* ebenso einzuordnen. Eine Einschätzung die erst 1985 erfolgte. Vergleiche hierzu Schwering: *Neue Mythologie*, S. 389 (Anm. 6) und Hotz-Steinmeyer, Cornelia: *Friedrich Schlegels Lucinde als ‚Neue Mythologie'. Geschichtsphilosophischer Versuch einer Rückgewinnung gesellschaftlicher Totalität durch das Individuum.* Frankfurt am Main: Peter Lang 1985 (Marburger germanistische Studien, 4).
14 Vgl. Schwering: *Neue Mythologie*, S. 389–390 (Anm. 6).
15 Ebenda, S. 390.
16 Brentano, Clemens: *Sämtliche Werke und Briefe. Godwi oder das steinerne Bild der Mutter von Maria.* Bd. 16. Hrsg. von Werner Bellmann. Stuttgart: Kohlhammer 1978, S. 380.

wo alles Streben aufhört, und nichts mehr kann gewußt werden, weil dann das
Wissen das Leben selbst ist, nicht einmal das Wissen kann dann gewußt werden,
da wir keine Einheit mehr denken können, indem die Möglichkeit zu zählen in der
bloßen Einheit, die allein noch übrig seyn könnte, aufgehoben wäre.[17]

So findet eine Auseinandersetzung mit der Neuen Mythologie auch jenseits
der Frühromantik statt. Spätere Autoren treten dabei jedoch nicht unbedingt
immer als Kritiker auf. Anklänge an die Neue Mythologie finden sich auch in
Hoffmanns Kunstmärchen *Der goldene Topf*, besonders in der Konzeptionie-
rung von Atlantis.[18] Es zeigt sich, dass die Früh- und Spätromantik weniger
als starr getrennt gedacht werden sollten, sondern die Übergänge zwischen
den Phasen fließend sind und Ideen, die von dem Einen verworfen werden,
den Anderen wieder faszinieren und zu einer Bearbeitung bewegen können.
Die folgende Arbeit begibt sich auf Spurensuche eben dieser Tendenzen. In
Fouqués *Undine* soll den ‚hohen' Ideen der Frühromantik nachgespürt werden und aufgezeigt werden, inwiefern sich Merkmale der Neuen Mythologie
erkennen lassen und ob die Novelle sich dadurch sogar ihr zuordnen lässt.
In Anbetracht der Komplexität des Themas wird diese Arbeit in erster Linie
untersuchen in wieweit die drei Quellen der neuen Mythologie in der *Undine*
wirken und der geforderte synkretistische Umgang mit den Mythologien in
Erscheinung tritt.

Dabei gibt es drei Textaspekte, die ich besonders betrachten werde: Undines
Beseelung, ihr Verhältnis zu ihrem Oheim Kühleborn und schließlich die Inszenierung von Anfang und Schluss der Novelle.

I. Undines Beseelung

Fouqué lässt seine Figur in ihrer ungebändigten Art durch die Geschichte
tänzeln, um sie dann beseelt auf ihren Leidensweg zu schicken. Das Verhältnis dieser beiden Phasen im Leben Undines ist in etwa eines von 40/60. Ihr
ist also beinahe ein gleichlanges Textleben als „leichtes und lachendes Kind"[19]
und als „beseelte, liebende, leidende Frau" (Fouqué: Undine, S. 83) vergönnt.
Der Zäsurcharakter den die Beseelung Undines damit hat, macht deutlich,
dass wir es hier mit der wichtigsten Schnittstelle im Text zu tun haben.
Die treibende Kraft, die die ganze Erzählung durchströmt und nach den

---

17 Ebenda, S. 381.
18 Vgl. hierzu *Heinrich von Ofterdingen* als eine der Quellen für das Kunstmärchen,
wie auch der naturphilosophische Unterbau: *E.T.A. Hoffmann Fantasiestücke in Callot's
Manier. Werke. 1814.* Hrsg. von Hartmut Steinecke. Frankfurt am Main: Deutscher
Klassiker Verlag 2006 (Deutscher Klassiker Verlag im Taschenbuch, 14), S. 756–758).
19 Fouqué, Friedrich de La Motte: Undine. In: *Fouqués Werke.* Bd. 1. Hrsg. von Walther Ziesemer. Berlin: Bong 1908 (Goldene Klassiker-Bibliothek), S. 83.

‚Spielregeln' Paracelsus' in der Hochzeitsnacht ihren Höhepunkt findet, ist der schon erwähnte so wichtige Grundgedanke der Romantik: Die Sehnsucht der Natur nach Beseelung durch den Menschen.

Merkwürdigerweise ist diese wichtige Szene eine, die nur in Andeutungen existiert. Aus den Beschreibungen Undines vor und nach der Hochzeitsnacht lässt sich schließen, dass die physische Vereinigung der beiden Liebenden das entscheidende Moment für die Seelengewinnung war. Der kultische Teil der Hochzeitszeremonie erscheint als Wegbereiter für den finalen Part. Beschrieben wird dies im Text wie folgt: „Gar sittig und still hatte sich Undine vor und während der Trauung bewiesen, nun aber war es, als schäumten alle die wunderlichen Grillen, welche in ihr hausten, um so dreister und kecklicher auf die Oberfläche hervor". (Fouqué: Undine, S. 77) Sie selbst spricht noch frisch und frei: „Aber wenn nun eins gar keine Seele hat […]? Und so geht es mir". (Fouqué: Undine, S. 77) Doch eine gewisse schleichende Veränderung scheint doch schon über das Kind gekommen zu sein, denn mitten in ihrer Rede „stockte sie, wie von einem innern Schauer ergriffen, und brach in einen reichen Strom der wehmütigsten Tränen aus". (Fouqué: Undine, S. 78)

Das unbeseelte Naturkind Undine ist zu einer solchen Reaktion nicht fähig und würde noch minder „das Gewand vor ihrem Antlitze zusammen" (Fouqué: Undine, S. 78) schlagen, was auf ihr Schamgefühl hindeutet, das ab dem nächsten Morgen fester Bestandteil ihres Charakters werden sollte. Ich kann deshalb Deutungen nicht zustimmen, die die Seelengewinnung nur dem rein physischen Akt zuschreiben,[20] sondern sehe christliche Weihung und physischen Vollzug im untrennbaren und deshalb interessanten Dualismus. Keine der beiden Teile scheint für die Seelengewinnung auszureichen, schließlich könnte Undine, die Männer ansonsten verführen, ohne sich um eine gesellschaftliche Legitimation dieser Verbindung zu sorgen. Umgekehrt sorgt das Sakrament nur für ein „annahendes Bild" (Fouqué: Undine, S. 78) der Seele, nicht für ihren Empfang. Natur und christlicher Kult gehen Hand in Hand um diese Verbindung zu ermöglichen und einer neuen Seele Einzug halten zu lassen.

Syfuß bezeichnet Undine als „Huldbrands Geschöpf",[21] denn in der Vereinigung mit der Seelenlosen wird er zum Schöpfer der Menschenfrau Undine. Der Idealismus klingt hier an, nach welchem Schlegel, Fichte folgend, dem selbstbewussten Ich eine „konstitutive Rolle",[22] eine ihm inne wohnende schöpferische Kraft zuschreibt, mit welcher der Mensch an Gott heranrei-

---

20 Vgl. z. B. Böschenstein, Renate: Undine oder das fließende Ich. In: *Sehnsucht und Sirene: Vierzehn Abhandlungen zu Wasserphantasien*. Hrsg. von Irmgard Roebling. Pfaffenweiler: Centaurus 1992, S. 108.
21 Syfuß, Antje: *Nixenliebe. Wasserfrauen in der Literatur*. Frankfurt am Main: Haag + Herchen 2006, S. 94.
22 Buchholz: *Perspektiven Neue Mythologie*, S. 196 (Anm. 2).

chen soll. Wie er die Menschen nach seinem Bilde formte und ihnen Leben einhauchte, kann Huldbrand hier eine ähnliche Rolle zugeschrieben werden, denn die Seele wird ihr von ihm ‚eingehaucht'.

Aber im Gegensatz zum Vorredner Fichte sieht Schlegel „Ich und Natur in einem Verhältnis wechselseitiger ‚Anerkennung'".[23] Sie erkennen sich gegenseitig im Gegenüber wieder. Im Wasserwesen Undine leuchtet Huldbrand etwas an, mit dem er schon immer verwandt war. Seine Heimat, an den Donauquellen, bezeugt es, dass er dem Element Wasser gar nicht so fern ist, wie er speziell zum Schluss hin immer wieder behaupten will: „Das kommt davon, wenn Gleich sich nicht zu Gleich gesellt" (Fouqué: Undine, S. 108). Und vielleicht wurde gerade aufgrund dieser Anlagen gerade er von Kühleborn ausgewählt und entstand die Zuneigung der beiden Liebenden.[24]

Aber nicht nur Huldbrand schöpft. Im Wechselspiel der innigen Vereinigung von Bewusstsein und der unbewussten Natur findet eine Verschmelzung statt die zum Austausch führt. Undine wurde Mensch, ist sich ihrer selbst als Ich nun bewusst, beseelt.[25] Huldbrand hingegen wurde elementarischer, ein Teil der Natur, wie er es selbst schon am ersten Abend verliebt forderte: „Bist du nicht wirklich da, gaukelst du nur neblicht um mich her, so mag auch ich nicht leben, und will ein Schatten werden, wie du, du liebe, liebe Undine!" (Fouqué: Undine, S. 63)

Beide Momente finden sich in diesem Textsegment vereint. Das Naturkind Undine ist ohne Seele nichts als ein Schatten, der keinen bleibenden Eindruck hinterlassen kann sobald der Reiz des Augenblicks dahin ist. Auch ihren Pflegeeltern erscheint sie dann und wann als „gaukelhaftiges Bildnis" (Fouqué: Undine, S. 60), nicht als „ordentlicher, kleiner Mensch" (Fouqué: Undine, S. 60). Huldbrand liefert den Liebesbeweis mit seinem Willen zur Selbstaufgabe, im buchstäblichsten Sinne. Die Belohnung folgt auf den Fuß: Mitten im stürmischen Treiben ist dem Liebespaar der erste heimliche Kuss vergönnt, der auf die spätere Verschmelzung hindeutet.

Das sich also nun ergänzende Paar ist zur Abreise bereit. Weder können die Elementargeister im Wald und speziell Kühleborn Huldbrand schrecken, wie Syfuß richtig die Verbindung zog,[26] noch wird Undine in der gesellschaftlichen Menschenwelt sonderlich auffallen.[27]

---

23 Ebenda.

24 Syfuß: *Nixenliebe*, S. 97 (Anm. 21).

25 Bei Haupt findet sich als Beleg hierfür die eben schon erwähnte plötzliche Schamhaftigkeit: „Die Scham aber ist Ausdruck der Selbstbewusstheit und damit eine Spaltung der ursprünglichen Einheit". siehe hierzu: Haupt, Julius: *Elementargeister bei Fouqué, Immermann und Hoffmann*. Leipzig: Wolkenwanderer 1923, S. 41.

26 Syfuß: *Nixenliebe*, S. 94 (Anm. 21).

27 Beispielsweise bringt die Information von Bertaldas wahrer Herkunft, die, wie Undine selbst zugibt, von Kühleborn stammt, nicht Undine in Verruf, sondern einzig Bertalda, wegen ihres unmoralischen Ausbruchs. Ihre Anschuldigung „eine Hexe, die mit bösen

Die von Schelling beschriebene „Harmonie der Gegensätze",[28] der „Ausgleich von Natur und Geist"[29] ist in diesem Paar erreicht. Ein Idealzustand, der, wie im Verlauf der Geschichte klar wird, nur von außen gebrochen werden kann, dafür aber durch beide Extreme. Bertalda, als Vertreterin der Menschen und auch die Natur, durch ihren Repräsentanten Kühleborn zeigen, dass das romantische Ideal eines idyllischen Zusammenlebens von Natur und Mensch nur im kleinen abgeschotteten Rahmen funktioniert. Auf einer Landzunge weitab der Städte, oder noch besser abgeschieden von allem anderen auf einer kleinen Insel, die der Sturm bildete. Ein Ort, der auf einen kurzen Augenblick beschränkt ist, aber trotzdem eine Grundvoraussetzung für ihre Liebe darstellt.[30]

II. Undine und Kühleborn

Als Repräsentant der Wassergeister und damit der Natur selbst, tritt uns Kühleborn entgegen. Wir erleben ihn mit Undine in wechselnder Beziehung und mit einer Untersuchung eben dieser wollen wir hier beginnen. Kühleborn selbst hat schon mannigfach halb versteckt im Hintergrund gewirkt, bis er endlich bei der Abreise des Paares, für Huldbrand und den Leser vollständig greifbar, in Erscheinung tritt. Hier stellt er sich folgendermaßen vor: „Ich heiße Kühleborn, und wenn es auf Höflichkeit ankommt, könnte man mich auch wohl ebenso gut Herr von Kühleborn betiteln, oder Freiherr von Kühleborn; denn frei bin ich, wie der Vogel im Walde, und wohl noch ein bisschen drüber". (Fouqué: Undine, S. 85).

Die Selbsteinschätzung des Wassergeistes scheint nicht übertrieben. Er wird uns als ein mächtiger und autonomer Einsiedler präsentiert,[31] die Personifikation eines Baches, der dienlich sein kann, wie bei der Fischerei, aber auch tödlich, im Sturm und wenn etwas seinen Lauf behindert.[32] Beide Qualitäten setzt er ein, um Undine an ihr Ziel, die Ehe, zu bringen und ihre Stellung dort zu sichern. Als Beispiele dafür können herhalten, wie er Huldbrands scheuendes Pferd daran hindert, über den Abgrund zu rasen[33] und wie er später

---

Geistern Umgang hat!" (Fouqué: Undine S. 92) findet kein Gehör. Dabei sollte man doch meinen, dass der Umgang mit einem Wesen, dass Kinder entführt, schlimmer sei, als ein Wutausbruch, besonders wenn „man schon früher etwas Wunderbares von ihr [Undine] erwartete," (Fouqué: Undine S. 94) vgl. hierzu: Fouqué: *Undine*, S. 91–94 (Anm. 19).
28 Haupt: *Elementargeister*, S. 51 (Anm. 26).
29 Ebenda.
30 Syfuß: *Nixenliebe*, S. 93 (Anm. 21).
31 Fouqué: *Undine*, S. 85.
32 Floeck, Oswald: *Die Elementargeister bei Fouqué und anderen Dichtern der romantischen und nachromantischen Zeit.* Heidelberg: Winter 1909, S. 18–19.
33 Fouqué: *Undine*, S. 66.

danach trachtet, eben jenen Ritter mit seiner Geliebten zu ertränken,[34] weil sie Undine unglücklich machten.

Er reagiert konsequent auf das Verhältnis von Undine zu ihren ‚Mitmenschen'. Was ihr im seelenlosen Zustand nur recht zu sein scheint, ist ihr vom Augenblick ihrer Abreise an ein Gräuel. „Jetzt fürcht ich euch"; (Fouqué: Undine, S. 85), hören wir Undine sagen und ihrem Oheim regelrecht den Kontakt zu ihr verbieten. Für Kühleborn ist der plötzliche Bruch nicht nachvollziehbar: „was für eine vornehme Heirat habt Ihr denn getan, dass Ihr Eure Verwandten nicht mehr kennt?" (Fouqué: Undine, S. 85). Im Folgenden erleben wir immer wieder das gleiche Bild: Eine abgeneigte, manchmal drohende Undine, die die Brücke zu ihrer Herkunft und alten Heimat abbrechen will, und einen Kühleborn, der trotz allem wieder und wieder zu Unterredungen mit ihr ansetzt und zu keiner Zeit aufhört in ihrem Leben zu wirken.[35]

Die Mauer, die die Seele zwischen die beiden Elementargeister gesetzt hat, kann er nicht begreifen. Die Sinneswandlung muss ihm unverständlich bleiben, führt zu deren Missachtung. Verändert hat sich Undine nur in ihrem Inneren, in der Sphäre des Bewusstseins, die Kühleborn als reines Naturwesen unbekannt ist, „er urteilt deshalb nur nach dem äußeren Scheine der Dinge".[36] Er sieht kein Mischwesen vor sich, keine Beseelte, er sieht nur das, was Undine ihrer Herkunft nach ist: Ein Wasserelementar, ein Teil der Natur und damit seiner selbst. Als solche müssen seine Handlungen vollkommen natürlich darauf abzielen, sie zu beschützen.[37]

Die ihrer Selbst bewusste Undine spürt dagegen die Kluft zwischen ihr und ihrer eigentlichen Herkunft nur zu deutlich und distanziert sich mehrere Male ausdrücklich von ihrer Verwandtschaft, speziell von Kühleborn.

„Sein armes Leben hat keine Ahnung davon, wie Liebesleiden und Liebesfreuden einander so anmutig gleichsehen" (Fouqué: Undine, S. 99), erklärt sie ihrem Mann und erwidert auch stolz auf Kühleborns Zurechtweisung wegen ihrer Tränen:

„Wenn ich hier auch unter den Wassern wohne, […] so hab ich doch meine Seele mit heruntergebracht. Und darum darf ich wohl weinen, wenn du auch gar nicht erraten kannst, was solche Tränen sind. Auch die sind selig, wie alles selig ist, dem, in welchem treue Seele lebt". (Fouqué: Undine, S. 114)

Die Verwicklungen der tragischen Dreierkonstellation, innerhalb derer Undine lebt, die Leiden und der Liebeskummer sind menschliche Phänomene, für die es Kühleborn an Empathie mangelt. Was er nicht begreifen kann, kann er auch nicht verhindern und die Verfolgungen, mit denen er um Undine willen Bertalda nachstellt, können seiner Nichte freilich nicht helfen, sondern beschleunigen die Katastrophe nur noch.

---

34 Ebenda, S. 105–106.
35 Siehe zum Beispiel Ebenda, S. 88.
36 Floeck: *Elementargeister*, S. 21 (Anm. 33).
37 Vgl. Syfuß: *Nixenliebe*, S. 96 (Anm. 21).

Interessant ist, wie Undine ihren Oheim in dieser Situation charakterisiert. Er sei „ein bloßer, elementarischer Spiegel der Außenwelt, der das Innere nicht widerzuspiegeln vermag". (Fouqué: Undine, S. 99) Dieser Bezug auf das Motiv des Spiegels ist kein Zufall insoweit er sich mit Verbindung zu Bertalda im Text wiederholt. Eine im letzten Kapitel schon erwähnte Beziehung zwischen Kühleborn und Bertalda, als die zwei Elemente in der Geschichte, die die Harmonie zu brechen imstande sind, ist hier nochmal auf einer anderen Ebene gegeben. Bertalda fällt als kleines Kind „in den feuchten Spiegel" (Fouqué: Undine, S. 60) als Kühleborn sie entführt und bezeichnet ihn unwissentlich als für den „erfreulichen Anblick der Menschengesichter" (Fouqué: Undine, S. 98) geschaffenen Spiegel. Ein passendes Motiv, da zu Kühleborns Attributen, als Elementargeist des Wassers, die spiegelnde Fläche natürlich obligatorisch ist.

Beide Frauen haben mit ihrer Charakterisierung Kühleborns aber nur zum Teil Recht. Wenn Kühleborn die beiden einzigen ausgestalteten menschlichen Protagonisten, Bertalda und Huldbrand, reflektiert, dann nicht nur den äußeren Schein, sondern ebenso Teile des Inneren und die Reflektion der ‚Menschengesichter' ist kaum ‚erfreulich' zu nennen, wie Bertalda glaubt. Kühleborn ist unser Schnittpunkt zwischen dem Unbewussten in der Natur und dem Bewusstsein der Menschen.[38]

Die Katastrophe, die Kühleborn antreibt, löst er jedoch nicht aus. Bei all seinem Unverständnis für Undines Situation, weist er sie gleichzeitig auf einen blinden Fleck ihrerseits hin. Denn die Verwicklungen mit Huldbrand und Bertalda sieht er voraus. Undine kann diese negativen Seiten der Menschen nicht erfassen. Ihre Seele, die sie zwar von einem Menschen erhalten hat, ist erhabener als seine und kennt keine Falschheit und Treulosigkeit.[39] Kühleborn allerdings nimmt sie wahr und spiegelt sie in sich wieder. In dieser Funktion ist er keineswegs frei, wie er so stolz behauptet, sondern ein Ich-loses Objekt, ein Mittel, uns die beiden zu vergegenwärtigen. Kühleborn attackiert ausschließlich Huldbrand mit ständig wechselnden Gesichtszügen, als verzerrte, undeutliche Gestalt.[40] So unstet wie der Ritter selbst in seiner ständig schwankenden Liebe zwischen der Menschenfrau und dem Wasserweib ist und so boshaft aufbrausend, wie er sich Undine gegenüber häufig gibt.[41]

Im Spiegel, der Huldbrand und Bertalda durch Kühleborn entgegen gehalten wird, erblicken sie „ein ganz abscheuliches Menschenhaupt" (Fouqué: Undine, S. 108). Die Reflektion ist deshalb so negativ, weil ihr Bild so angelegt ist.

---

38 Daemmrich, Horst S. und Daemmrich, Ingrid G.: *Themen und Motive in der Literatur: Ein Handbuch*. 2. überarb. und erw. Aufl. Tübingen und Basel: Francke 1995 (UTB, 8034), S. 325.

39 „Wenn ich ihr eine Seele gegeben habe,' mußt' er bei sich selber sagen, ‚gab ich ihr wohl eine bessere als meine eigne ist;'" (Fouqué: *Undine*, S. 93).

40 Siehe z.B. Ebenda, S. 102.

41 Siehe z.B. Ebenda, S. 108–109.

Die herzogliche Dame und der edle Ritter, das höfische Paar, das in der Romantik so hoch gepriesen und idealisiert wurde, wird hier ins Negative verzerrt. Das märchenhafte Motiv ist entzaubert und die Rollen vertauscht. Die vorbildlich Handelnde ist Undine, der Wasserelementar der die übliche Personenkonstellation durchbricht und anstelle der adeligen Dame heiratet. Deren edle Gesinnung ist nur noch ein Schein aus früherer höfischer Zeit, sie ist hochmütig und unehrlich, wie auch Huldbrand ihr gegenüber nicht ehrlich handelte, als er „im Scherz" (Fouqué: Undine, S. 65) um sie warb. Das übliche Szenario wird beschworen, aber nicht verklärt, sondern benutzt, um uns eine im Verfall begriffene Gesellschaft darzustellen, deren Ideale nicht mehr tragen können, weil ihre Mitglieder sich nicht mehr als Vertreter eignen.

Wird die Gesellschaft hier abgewertet, sorgt das jedoch keineswegs für eine Aufwertung der Natur. Sie erscheint nicht als vielversprechendes neues Fundament einer Gesellschaft, sondern dem Prinzip „wechselseitiger ‚Anerkennung' "[42] folgend ist sie, so wie der Mensch sie durch eine Beseelung erhöhen kann, mit ihm auch in der Erniedrigung vereint. Als eine bloße Reflektion seines Geistes.

III. Anfang und Ende

Zu Anfang der Erzählung wird ein idyllisches Bild geschildert, wie es romantischer nicht sein könnte. Ein einfacher Fischer flickt des Abends vor seinem Häuschen, umgeben von Natur, seine Netze. Über eben diese Umgebung heißt es:

> Der grüne Boden [...] erstreckte sich weit in einen großen See hinaus, und es schien ebenso wohl, die Erdzunge habe sich aus Liebe zu der bläulich klaren, wunderhellen Flut, in diese hineingedrängt, als auch, das Wasser habe mit verliebten Armen nach der schönen Aue gegriffen, nach ihren hoch schwankenden Gräsern und Blumen, und nach dem erquicklichen Schatten ihrer Bäume. Eins ging bei dem andern zu Gaste, und eben deshalb war jegliches so schön. (Fouqué: Undine, S. 53)

Die Harmonie der zwei Welthälften Land und Wasser sind hier in erotischer Metaphorik vereint. Der Schauplatz ist Sinnbild für die vollkommene Zusammenkunft zwischen dem Menschen Huldbrand und dem Wasserwesen Undine, die hier ihren Lauf nehmen wird.

Achtet man auf die grammatischen Geschlechter bemerkt man ein interessantes Spiel, das hier mit den Geschlechterrollen gespielt wird:
Es ist die Landzunge, die sich in den See ‚hineindrängt' und der See der sie zu umschließen versucht. Nochmal überkreuzgestellt wird die Zuweisung der

---

42 Buchholz: *Perspektiven Neue Mythologie*, S. 196 (Anm. 2).

Geschlechter durch die Protagonisten: Undine stammt aus dem grammatisch maskulinen See, Huldbrand erscheint über die feminine Landzunge.[43] Diese Überkreuzstellung können wir auch in der Handlung beobachten: Der Ritter betritt eine Welt, die durch die Natur beherrscht wird. Im sonst üblichen Erzählverlauf würde das Wasserwesen in der Welt der Menschen erscheinen. Weiter werden die konventionellen Regeln gebrochen, wenn Undine ohne Scheu zum Ritter herantritt und „mit einem goldnen Schaupfennige […] spielend" (Fouqué: Undine, S. 56) ihn „du schöner Freund" (Fouqué: Undine, S. 56) nennt. Sie übernimmt die aktive Rolle, die eigentlich dem Ritter zugedacht ist.[44]

Die Todesszene Huldbrands wird ähnlich gehandhabt:

> Bebend vor Liebe und Todesnähe neigte sich der Ritter ihr entgegen, sie küsste ihn mit einem himmlischen Kusse, aber sie ließ ihn nicht mehr los, sie drückte ihn inniger an sich, und weinte, als wolle sie ihre Seele fortweinen. Die Tränen drangen in des Ritters Augen, und wogten im lieblichen Wehe durch seine Brust, bis ihm endlich der Atem entging, und er aus den schönen Armen als ein Leichnam sanft auf die Kissen des Ruhebettes zurücksank. (Fouqué: Undine, S. 117–118)

Wieder sind die grammatischen Geschlechter und die Rollen der Protagonisten, in einem durchaus erotisch angehauchten Bild, vertauscht. Es ist die Träne, mit welcher Undine in den Ritter eindringt, und Huldbrand, der sich ihr hingibt.

Das Vertauschen von Geschlechtern, Rollen und Handlungsvorgaben unterstreicht die Begegnung von Mensch und Natur. Die Handlungen Undines gründen auf ihrer Herkunft. „Als Naturwesen ist ihnen aller Dualismus fremd",[45] schreibt Haupt über die Elementargeister und beruft sich dabei auf Schelling.[46]

Undine untergräbt die gesellschaftlichen Konventionen nicht absichtlich, sondern vielmehr, weil ihr das Prinzip verschiedener Geschlechter und daran gebundene Verhaltensregeln unbekannt ist, solange sie elementarisch agiert, also als nichtbeseelte Frau. Unbeseelt steht Undine für die Natur und umgekehrt, so wie die Naturphilosophie die Natur beschrieben hat: Als lebendiges Wesen, das so nach Verbindung mit der Menschenwelt strebt, wie die Romantiker, die sich der Natur entfremdet fühlen und selbst nach neuer Harmonie mit und in ihr trachten. Im Anfangsbild und selbst in der Todesszene ist dieses Streben, diese Essenz des ganzen Textes, eingefangen. „Die utopische

---

43 Klotz, Volker: *Das europäische Kunstmärchen: fünfundzwanzig Kapitel seiner Geschichte von der Renaissance bis zur Moderne.* 3. überarb. und erw. Aufl. München: Fink 2002 (UTB, 2367), S. 166.

44 Haupt: *Elementargeister,* S. 33 (Anm. 26).

45 Ebenda, S. 34

46 „Schelling sagt einmal, die Natur hasse das Geschlecht, und wo es entstehe, entstehe es wider ihren Willen"; siehe hierzu Ebenda, S. 33.

Vision einer kosmischen Aussöhnung"[47] wird beschworen und das Spiel mit
den Geschlechtern ist Zeichen für diesen Traum, in dem Natur und Mensch
so eins geworden sind, dass die Grenzen verschwimmen.
Das Schlussbild ist wie eine Erweiterung des Anfangs:

> An der Stelle, wo sie gekniet hatte, quoll ein silberhelles Brünnlein aus dem Ra-
> sen, das rieselte und rieselte fort, bis es den Grabhügel des Ritters fast ganz umzo-
> gen hatte; dann rannte es fürder, und ergoss sich in einen stillen Weiher, der zur
> Seite des Gottesackers lag. Noch in späten Zeiten sollen die Bewohner des Dorfes
> die Quelle gezeigt, und fest die Meinung gehegt haben, dies sei die arme, verstoße-
> ne Undine, die auf diese Art noch immer mit freundlichen Armen ihren Liebling
> umfasse. (Fouqué: Undine, S. 119)

Huldbrand wird wieder mit der Erde assoziiert, Undine mit dem Wasser.
Auch die Rollen sind wieder vertauscht. Während Huldbrand in seinem Tod
Ich-los geworden ist, handelt Undine nicht mehr wie zu Anfang als bewusst-
seinsloses Naturwesen, sondern verbleibt als einziger Teil, „eine einseitige
Umarmung geworden",[48] dieser Verbindung.
Was wir hier sehen ist eine resignierte Sicht auf die ersehnte ,Einheit in der
Zweiheit'. Die Versöhnung von Mensch und Natur, die den ganzen Text hindurch gefordert wird, kann nie erreicht werden. Undine kann den Sinn der
gegenseitigen Ergänzung, trotz ihrer Existenz als Mischwesen, nicht alleine
erfüllen, ist aber ebenfalls nicht in der Lage, ihr beseeltes Ich wieder aufzuge-
ben, und so ist eine Vereinigung von Mensch und Natur nicht einmal durch
den Ich-Verlust im Tod möglich.

VI. Schlusswort

Anzeichen für die Neue Mythologie scheint es einerseits zu geben, andererseits wird dieser Schein vielfach gebrochen.
Die Beseelung Undines in ihrer Vereinigung mit Huldbrand lässt sich noch
sehr leicht im Blickwinkel der neuen Mythologie betrachten, dafür sprechen
die Spuren, die die Naturphilosophie darin hinterlassen hat. Gleichzeitig ist
hier auch der Idealismus erkennbar, ist die Beseelung des Naturwesens doch
ebenso ein Schöpfungsakt durch Huldbrand selbst. Das erste Kapitel steht
damit ganz im Zeichen des Spieles „wechselseitiger ,Anerkennung'"[49] von
Mensch und Natur und gibt damit einen Vorgeschmack auf die große Harmonie, die durch die Neue Mythologie erreicht werden soll.

---

47 Stuby, Anna Maria: *Liebe, Tod und Wasserfrau: Mythen des Weiblichen in der Literatur.* Wiesbaden: Westdeutscher Verlag 1992 (Kulturwissenschaftliche Studien zur
deutschen Literatur), S. 85.
48 Stephan, Inge und Berger, Renate: *Weiblichkeit und Tod in der Literatur.* Köln und
Wien: Böhlau 1987, S. 136.
49 Buchholz: *Perspektiven Neue Mythologie*, S. 196 (Anm. 2).

Die folgenden Kapitel lassen jedoch eine Resignation erkennen. Ein näherer Blick auf die Inszenierung von Kühleborn und seinen Beziehungen zu den restlichen Protagonisten zeigt uns, dass der Mensch den Ansprüchen seiner eigenen Ideale nicht mehr gewachsen ist und so wie er die Natur vorher erhöhte, greift auch jetzt die ,wechselseitige Anerkennung' und er zieht sie mit sich herab; sie wird zu einem bloßen Spiegel seiner launischen Fratzen. Das metaphorisch aufgeladene Anfangs- und Schlussbild bringt die Erkenntnisse nochmal auf den Punkt:

Das idyllische Bild zeigt uns eine Verschmelzung, die, den beiden Liebenden gleich, eben nur in ihrem Zusammenspiel wahrhaft schön sein kann. Im Schlussbild wird die Hoffnung auf die Erfüllung der Utopie allerdings enttäuscht. Mensch und Natur gehen nicht auf in Schönheit, sie scheitern auf dem Friedhof, auf dem keine Umarmung wie in der Landschaftsbeschreibung im Anfangsbild möglich ist.

Die Neue Mythologie lässt sich also in dieser Erzählung wiederfinden, aber mit starken Brüchen, die den kritischen Blick Fouqués, eines Spätromantikers, auf die frühromantischen Vorreiter erkennen lassen. Fouqué stand Schlegels Annahme, dass aus der Naturphilosophie eine Neue Mythologie entstehen könne, skeptisch gegenüber. Die Rolle der Natur darin schien ihm zu hoch gegriffen und er tat sie letztendlich als „schauerliche[n] Wahn"[50] ab. Trotzdem war die Vorstellung einer Mythologie, die auch dem künstlerischen Anspruch gerecht werden kann, eine die ihn faszinierte.[51] So kommt er nicht umhin, seine Erzählung im Sinne einer neuen Mythologie zu verfassen und ist gleichzeitig zu bodenständig den allzu hohen Maßstab der Frühromantiker zu übernehmen.

---

50 Fouqué, Friedrich de La Motte: Erinnerungen an edle Verstorbne. Friedrich von Schlegel. In: *Berlinische Blätter fuer deutsche Frauen*. Bd. 12. Nendeln: Kraus Reprint 1972, S. 14.
51 Vgl. Strich: *Mythologie*, S. 257 (Anm. 3).

Hans-Georg Pott

Der Maleraffe

Affen all überall. In der bildenden Kunst, in der dichtenden Kunst. Malende Affen. Maleraffen. Von ihnen möchte ich berichten. Es wird um nichts weniger gehen als um das Menschsein und die Kunst; den Künstler als Menschen und den Menschen als Künstler – in der Spannweite von Affe oder Teufel und Ebenbild Gottes oder Engel. Man kann auch die Biene (niedersächsisch Imme) und den Honig hinzunehmen und damit den Namen Joseph Beuys, das Fett nicht zu vergessen.

An die vielen Affengestalten des bildenden Künstlers Jörg Immendorf habe ich mich erinnert, als ich Achim von Arnims Erzählung *Raphael und seine Nachbarinnen* (1824) las und dort auf den Affen Raphaels stieß. Ich war auf den Maleraffen gekommen.

Der Affe ist eines der polysemantisch vielfältigsten Tiersymbole. Er dient als Spiegel der Selbsterkenntnis; aber als Vexierspiegel, der das verleugnete Andere, das Animalische, Unzivilisierte im Menschen enthüllt, das abgespalten, verdrängt oder verleugnet und moralisch diskreditiert wird, oder, wie im Fall des wohl berühmtesten Affen der Literatur, Kafkas Rotpeter, das äffische Wesen der Zivilisiertheit entlarvt. (1) Der Affe ist auch der Nachäffer, nicht nur als Dilettant, der den Meister nachmacht, sondern auch als der geniale Künstler, der die Schöpfung Gottes nachahmt.

Immendorff „Komm Jörch wir gehen" 2007.

Immendorff Painting Ape (Maleraffe) 1999

Immendorff Malerstamm
Armin Dietrich 2002

Im Folgenden möchte ich Korrespondenzen aufzeigen zwischen Motiven und Figuren aus Arnims Erzählung und dem plastischen, zeichnerischen und malerischen Werk Jörg Immendorffs.

Es geht um den *Malerstamm*. Und es wird nicht um die brotlose Kunst gehen, sondern um die Kunst als Brot oder Kartoffel. Um die Nahrungsquellen des Lebens. Der Bäcker backt das Brot, und das Bild muss die Funktion der Kartoffel übernehmen. (2)

Selbst für das frommste und heiligste Bild müssen Farben angerührt werden. Das „Brot des Lebens" als Metapher macht keinen satt. Das Brot vom Bäcker, der den formlosen Brotteig mit den Händen knetet und formt, ist das wahre Brot des Lebens, wie die Brote der Ghita, die den Künstler Raphael sättigen. Auch Ghita selbst gehört für ihn zum Brot des Lebens.

Ich werde kleine Brötchen backen und zwei eher kürzere Texte betrachten, die vielleicht aber der Sauerteig sind, aus dem alle Kunst-Brote gebacken werden. In Achim von Arnims wahrhaft tiefsinniger Erzählung taucht ein überaus menschlicher Affe auf:

Einen seltsamen, großen Affen hat sie [Ghita] um sich; so viel Menschliches habe ich nie in einem Tiere gesehen. Als wir das Abendessen geendet hatten, kam er aus seiner Kammer hervor und verschlang mit tierischer Gier alle Überbleibsel des Mahls und sprang dann lustig über Tisch und Sessel. Er trägt ganz fremdartige Kleidung und schien es ordentlich zu merken, daß ich von ihm spräche. Es

Immendorff Ausstellung Art Unit Düsseldorf 23.11.2013–10.01.2014

ist ein eigen Ding mit den Tieren; es kommt mir immer vor, als wären sie Verwandlungen der alten Götter, die nun in ihren Leidenschaften fortleben, seitdem ihr Reich unter den Menschen geendet hat. Nun wie es sei«, so schloß er, »sei dieses Wesen ein Affe, ein alter heidnischer Gott oder ein verkrüppelter Mensch, ich habe Ghita gebeten, daß ich ihn so wenig wie möglich sehe, sie liebt ihn, sie herzt ihn, und das ärgert mich!«

Auf die Personen werde ich sogleich zu sprechen kommen. Dieses hybride Wesen aus Tier, Mensch und Gott, genauer aus verfremdetem Tier (fremdartige Kleidung), verkrüppeltem Mensch und heidnischem Gott, stellt nichts weniger als eine Inkarnation und Vexiergestalt des Künstlers dar, in dem sich Sinnliches und Übersinnliches, Himmel und Hölle, und eine Reihe weiterer Dichotomien schneiden – der Mensch in seinem Widerspruch. (3) Oder wie es Immendorff ausdrückt. „Die Malerfeinde im Maler sind seine besten Freunde". (4)

Jörg Immendorff hat dazu gesagt: „Für mich war und ist der Affe einfach ein zweites Ich. Symbol für Ambivalenz der Künstlerexistenz, der Überzeugung und Selbstzweifel. Er ist albern und weise und steht für Gegensätze. Der Affe erscheint auf meinem Rücken sitzend, und vor mir ist das Bild, das ich male, das er angreift und dann etwas anderes malt oder mich bemalt". (5) Anlässlich einer Ausstellung u. a. mit Affenskulpturen unter dem Titel *Malerstamm* heißt es: „Was für Beuys der Hase, ist für Jörg Immendorff der Affe: die zentrale Symbolfigur, der wir in seinen Werken immer wieder begegnen". Sie begleiten auch die großen Themen, die seine monumentalen Gemälde bestimmen, wie auch in seinem grafischen Werk, meist Linolschnitte, Siebdrucke, Lithografien und Radierungen zu finden sind: die politische Situation

Immendorff Bä Tunst Bä 1966

des geteilten Deutschlands, die Wiedervereinigung des Landes, die Kunst der Moderne und seine eigene Rolle als Künstler im Kontext von Kunst und Geschichte. Der ,Maleraffe' dient Immendorff dabei als Parodie seines Selbst, als Zurücknahme seines eigenen Künstleregos. Ebenso wie die ,Malerbiene', ist der Affe eine Facette seines Alter Ego, repräsentiert den Künstler und agiert in den Bildern an seiner Stelle. Er ist albern und weise zugleich, ist Kontrollinstanz und Antrieb. Immendorff zählt zu den Künstlern, die sich immer wieder selbst inszenieren. So taucht er in der 1992 entstandenen Lithografie ,Geburt des Malers' auf, in der er sich mit bedeutenden Künstlerkollegen auseinandersetzt: um die Mutter, die den Maler als deutschen Adler gebiert, gruppieren sich Beuys, Baselitz und Penck. Im Hintergrund auf dem Klavier als Metapher seiner selbst, der Maleraffe. Er und die Affen werden sich immer ähnlicher bis hin zum Zwitter. Immendorff ist Affe, und die Affen sind Immendorff". (6)
Ich habe schon den Affen bei Arnim kurz vorgestellt. Auch taucht ein zweiter Affe namens Bäbe auf, ein deutscher Affe aus Nürnberg, Neffe des berühmten Albrecht Dürer. Wir erkennen hier den Malerstamm als Stammsilbe im Bä, sein Bä-Wesen. Wie man Kindern sagt in Kinderlautung: das ist Bä, um Kinderseelen zur Reinlichkeit zu erziehen, so gilt für Erwachsene in gut christlicher Tradition, dass Sexualität Bä ist. Wie das kindliche Bä erwachsen und zum Kulturgut wird: das ist die große Leistung des Künstlers! Und es zeigt sich, was die Kunst mit dem Handwerk zu tun hat. Das ist der Malerstamm der Erzählung Arnims.
Man kann Arnims Erzählung auch so referieren: Am Anfang war der Teig. Die Matschepampe, in der Kinder mit Lust kneten, sich die Hände schmut-

zig machen, wird zum Brotteig und zum Töpferton, die geformt, im Ofen gebacken zu Brot und Krug werden. So wächst der junge Raphael mit den zwei jungen Mädchen auf, der Bäckertochter Ghita und der Töpfertochter Benedetta. Auf die Sprache der Namen weisen Ralf Simon und Malte Stein hin: „An die Erde gebunden wird er vornehmlich durch Ghita, deren Namen man in onomastischer Spekulation als Assonanz zu Gaia (Erde) lesen könnte. Verstrickt an die Erde ist Ghita symbolisch dadurch, daß sie als Bäckerin die Hände im Teig walkt, während sich die tontretende Töpferin Benedetta – die Gebenedeite – aus dem schlammigen Element der Erde löst, indem sie der Marmorstatue den von Ghita und Raphael vergeblich begehrten Ring vom gekrümmten Finger zieht und sich damit „mächtiger als die alte heidnische Göttin" […] erweist". (7)

Also der Affe hilft beim Teig kneten. Die Anspielungen auf den Sexus sind überdeutlich:

Inzwischen merkte ich doch sehr bald die Wahrheit und nahm wahr, daß sie vor Schlafe gewöhnlich mit seiner Hilfe den Teig in jener dunklen Kammer einknetete, nachdem sie sich der prachtvollen Staatskleider entledigt, die ihr Raphael nach seinem eigentümlichen Sinne für Bekleidung hatte kaufen und schneidern lassen. Raphael ist Ghita verfallen. So überrascht es nicht, dass ein weiteres schmutzige Bä-Element hinzukommt: das Geld. Für sie malt er auf Bestellung heidnische Göttergeschichten „des hohen Preises wegen". Wer ist er? Die unbotmäßigen Bilder malt der Affe, der auch einmal der Automat genannt wird:

Aber eines Morgens fand ich Raphael zu ungewohnter Frühzeit vor diesen Bildern mit einem Staunen, als ob er sie zum ersten Male gesehen, den Kopf schüttelnd, sich die Stirne reibend. Wie er mich sieht, ruft er aus: „Es gibt einen zweiten Raphael; denk dir, der Affe malt! Sieh genau zu: ich selbst würde es für meine Arbeit halten, wenn ich nicht wüßte, daß ich keinen Pinsel angesetzt habe, und Ghita hat ihn bei der Tat ertappt. Sieh, alles ist daran gut, nur nicht die Hauptsache. Du kannst hier den Unterschied der tierischen Natur recht deutlich sehen; hier wird sie zum Wesen, das Geistige wird Schein und Täuschung; es sind sehr tragische Bilder und beinahe eine Fortsetzung meiner Psyche zu nennen, nachdem sie mit Amor, der flüchtigen Erscheinung, für immer verbunden ist".

Das „beinahe" erfordert die Kunst der Interpretation heraus. Die Erzählung von Amor und Psyche strukturiert als Subtext die Erzählung Arnims. (8) Sie kann nicht einfach nur als ein heidnisches Beiwerk angesehen werden, wie die Göttergeschichten auf Bestellung. Von dieser Fabel heißt es: *So liegt nun die Geschichte der Psyche und des Amor vor Euch wie ein Rätsel, das jeder einmal in seinem Leben lösen soll.* Die Lösung des Rätsels liegt in der Jugend Raphaels, der sich selbst mit Amor identifiziert.

Als ich ihn nun fragte, wie er einen so geschickten Vater habe verlassen können, um beim Perugino zu lernen, da seufzte er und lächelte und sprach: „Warum mußte Amor fliehen, als Psyche ihn beleuchtete? Ich hatte mehr Grund dazu als

Raffael Amor und Psyche (Villa Farnesina) 1518

er!" – Nach dieser Einleitung ließ er sich leicht bereden, ohne von seinem Zeichnen aufzublicken, mir seine Jugendgeschichte zu erzählen.

Der Geschichte eines Gottes, der menschliche Gestalt annimmt und sich in die menschliche, wenn auch göttergleich schöne Königstochter Psyche verliebt, liegt das bekannte Motiv eines Verbots zugrunde: herauszufinden, wer er sei. Psyche erliegt, verführt durch die Einflüsterungen neidischer Schwestern, der Neugier, entzündet eine Lampe und erkennt den Gott. Amor entflieht daraufhin. Die spätantike Fabel des Apuleius endet keineswegs tragisch. Amor und Psyche feiern am Ende eine göttliche Hochzeit. Natürlich ist diese vielfach bearbeitete und gestaltete Geschichte der christlichen Allegorese nicht entkommen. Die menschliche Seele auf der Suche nach dem göttlichen Heil wird schlussendlich belohnt. Aber so einfach transferiert Arnim die mythopoetische Geschichte nicht in die christliche Heilslehre; sie verharrt in der typisch Arnimschen Ambivalenz. (9)

Zur Ambivalenz gehört, dass sich Gegensätze und Unvereinbarkeit nicht ausschließen – wie im Ganzen der Erzählung nicht Heidentum und Christentum. Das zeigt schon die Jugendgeschichte, die von Raphael selbst nach dem Bericht des Erzählers, einem Kunsthändler, von dem noch zu sprechen sein wird, nach dem Muster von Amor und Psyche gedeutet wird. Amor, mit dem sich der Künstler identifiziert, verweist auf dessen göttlichen (An-)Schein, der von Arnim subtil angedeutet wird:

Sie [Ghita] war ihm zutulich, strich ihm die dichten, gescheitelten Haare und sagte ihm, daß sie sich darin spiegeln könne, so glatt wären sie. Er wußte nichts zu antworten, als daß der liebe Gott wohl einen dauerhaften Firnis müßte darüber gezogen haben, sonst wäre der Glanz von seiner Mütze längst abgerieben.

Am Anfang seiner Laufbahn bemalt Raphael inkognito die Töpferwaren der schönen und zarten Nachbarin Benedetta. Er verliebt sich in sie und nicht in die andere Nachbarin, die große und starke Bäckerstochter Ghita. Diese, wie die eifersüchtigen Schwestern der Königstochter Psyche, überredet Benedetta das Geheimnis des Malers zu entdecken. Mit der Folge, dass man ihn, wie in der Fabel, die ebenfalls eifersüchtige Venus in die Fremde schickt. Soweit nach der Vorlage; das Ende fällt bei Arnim allerdings anders aus. Raphael fallen in gewisser Weise beide Nachbarinnen zu. Schon beim Abschied aus seiner Heimatstadt, analog zur Flucht Amors, denkt er sich als Benedettens Mann, während er von dem süßen Backwerk Ghitas kostet. Das eine tun und das andere nicht lassen.

Ambivalenz und Hybridität sind die Kennzeichen des Künstlers und nicht nur des Künstlers, sondern vielleicht aller Menschen, deren Lebensweise so gar nicht *den Anforderungen jenes höhern Lichts* genügt. Aber leuchtet dieses Licht nicht deshalb so stark in Raphaels Madonnen, weil er die Heiligenköpfe auf Körpern von Bacchus und Venus, strotzend vor praller Sinnlichkeit, plaziert. Diese Komplementarität kennzeichnet auch den Malerfreund Bartolomeo:

Sie erkannte deutlich, daß er aus zwei sehr verschiedenen Stücken zusammengesetzt war, aus einem Heiligenkopfe auf dem Körper eines Bacchus.

Hier gilt, was Nietzsche notiert: „Die Künstler, wenn sie etwas taugen, sind (auch leiblich) stark angelegt, überschüssig, Krafttiere, sensuell; Ohne eine gewisse Überheizung des geschlechtlichen Systems ist kein Raffael zu denken…" (10)

Der Maler der Heiligen Madonnen und heidnischen Götter malt auch seine Geliebte *Ghita: in der aller Welt Todsünden zu lauter Leben aufgehn, wenn ich ihr Bild fertig habe* – so Raphael. Soll man das eine Parodie der Christusgestalt nennen, der die Sünden der Welt auf sich nimmt mit seinem Sterben? Oder ein humanistisches Manifest, da Ghita im vollen prallen Leben verbleibt und somit die Sünden rechtfertigt!?

Letzteres bestätigt Arnim auch in dem Gnadensegen aller Schönheit:

Klagt, ihr Maler, die mich küßten,
Vor dem geistlichen Gericht,
Daß ich zaubre, allen Christen
Zeige ich mein Angesicht,
Das ihr zaubernd habt gemalet
Und erhöhet zum Altar;
Reichlich ward es euch bezahlet,
Wunder wirkt's das ganze Jahr.

Gönnt mir auch die Zaubereien,
Zaubert nicht allein, ihr Herrn;
In den ersten Liebeleien
Duldetet ihr Zaubern gern,
Rühmtet es als Gnadensegen,

Raffael Kardinal Bernado do Dovizi da Bibbiena ca. 1516

Immendorff Kanzler Porträt 2007

Als der Schönheit Eigentum,
Zöget Pinsel, zöget Degen,
Froh zu schützen meinen Ruhm.

Die andere Erzählung gilt dem Raffael ohne Hände, wie sich der an ALS erkrankte Maler Jörg Immendorf selbst bezeichnete. (11) Es handelt sich um den „Roman" von Tilman Spengler: *Waghalsiger Versuch, in der Luft zu kleben.* (12) Wer sucht, der findet manche Korrespondenzen zu Arnim und Raphael. Für beide gilt, was immer schon gleichsam die Nahrungsquelle ist: *„Der Umgang mit Weibern war ihm [ihnen] ein Bedürfnis".* Dieses Bedürfnis wird zum Bild in der Gestalt des Affen.

Die Künstlerbiene [Imme im Niedersächsischen] und der Affe sind in Immendorffs Bestiarium die Hauptfiguren. Der Affe ist ihm erstmals in den achtziger Jahren begegnet, als der Maler vor einer frisch grundierten Leinwand stand. „Hat sich einfach hier ins Atelier gehangelt, war wohl ein Fenster offen, ist mir auf den Rücken gesprungen und dann einfach dageblieben. Sich immer eingemischt, in die Bilder, in die Figuren, auch auf der Opernbühne". (13)

Dem Kardinal Bibiena in Arnims Erzählung mag man den hohen Herrn aus Immendorffs Lebenserzählung beigesellen, den Kanzler Schröder, ebenso ein Auftraggeber, dessen Portrait (mit Affen) als Herrscherikone die Kanzlergalerie schmückt.

Den Künstlerfreunden Luigi und Bartolomeo können wir die Künstlerfreunde Lüpertz und A.R. Penck zuordnen, auch zwei Frauen lassen sich bei Immendorf (neben zahlreichen Nebenaffären) ausmachen, seine frühe erste um zehn Jahre ältere mütterliche Frau, Chris Reinecke, die den jungen Maler gleichsam mit Brot versorgte und die spätere Ehefrau, die viel jüngere, schöne Oda Jaune, die ihm spät eine Tochter schenkte. In dieses Ensemble oberflächlicher aber reizvoller Analogien gehört auch das Bacchusfest:
Raphael freute sich an ihrer Lebenslust; er ließ die besten Weine bringen, und so kam's, daß unser anständiges Fest sich mit einem wilden Bacchuszuge schloß, in welchem Ghita als Centaur einhergeführt wurde, und Julio, auf welchem sie ritt, das Pferd spielte. „Es sind gute Kinder", sagte Raphael, „wenn man ihnen den Willen tut. Ein Maler kann überall etwas absehen, und ich fühle hier recht, daß erst etwas muß wirklich dagewesen sein auf der Welt, ehe es zu etwas Erdachtem, zu einem Bilde werden kann. Ohne diesen Zug gesehen zu haben, hätte ich nie ein Bacchusfest erfinden können".
Immendorffs Bacchusfest im Düsseldorfer Parkhotel schafft es sogar in die BILD-Zeitung, die am 19. August 2003 titelte: „Schlimmste Sex-Orgie des Jahres. Star-Maler mit 9 Huren und Kokain".(14) Bei Spengler heißt es, „es ging um eine Inszenierung […] von einem künstlerisch erotischen Traum". „Er nannte das so was wie *Die Venusraupe wird zum Schmetterling*". (15)
Freilich kommt hier alles wie in Arnims Erzählung auf die Perspektive des Berichtenden an. Man kann Arnims Erzählung nicht kommentieren, ohne die Figur des Erzählers genau zu betrachten; denn dessen Perspektive: sein Charakter, seine Rolle und sein Interesse ver-formen den Künstler und Menschen Raphael. Es handelt sich um den Bericht eines Kupferstichhändlers, der von Mark Anton gestochene Kupferstiche Raphaels verkaufen möchte, und zwar an einen sittenstrengen Herrn, der vom lasziven Lebenswandel des Künstlers offenbar gehört hat. Dieser Herr wird gleichsam moralisch weichgespült.
Diesen Bericht, welchen ich nicht ohne schmerzliche Rührung zusammengeschrieben, lege ich Euch jetzt mit dem Wunsche zu Füßen, daß er Euer menschliches Herz dem Manne befreunden möge, welchen Eure Sittenstrenge verdammte.
Der Händler war viele Jahre Hausgenosse Raphaels und erweckt somit den Anschein, er könne authentisch berichten. Aber es geht ihm ums Geld:
Zugleich erfüllt dieser Bericht Euren Befehl, Euch die Entstehung und Bedeutung einiger Werke Raphaels zu erklären, wobei ich als Kupferstichhändler bitten muß, Eure Bestellungen recht bald an mich ergehen zu lassen, weil die ersten Abdrücke dieser Bilder immer seltener werden und, von den Sammlern immer fester gehalten, nicht oft in den Handel zurückkehren.
Dieser Händler räumt selbst ein, *daß ich in dergleichen Dingen nicht so genau bin, sondern mich gern der Sachen erinnere, wie sie mir am besten gefallen* (258), so dass damit einige der Übermalungen genannt sind, die das Palimpsest charakterisieren…

Auch Immendorff hat seinen Händler, der sein Werk zu Gold gemacht hat. Ob dessen Biederkeit scheinhaft ist oder nicht – jedenfalls musste auch Immendorffs Gold/Geldmacher Michael Werner den Seriösen spielen, der versucht, den Künstler von den anrüchigen Vierteln auf St. Pauli fernzuhalten, von den Boulevardblättern und der Kokain-Szene im Schickiemickie-Club *Sams* auf der Düsseldorfer Kö.

Sinnengenuss und Seelenfrieden lassen sich nicht leicht vereinbaren; *eine Hand gab ich nur meinem Schutzheiligen, die andre reichte ich manchem Unheiligen dar.* Eine Versöhnung von Engel und Teufel gibt es auf Erden nicht. Aber es gibt die Verklärung im Bild, in einen realen Bild, der berühmten Sixtinischen Madonna, die in der Gemäldegalerie in Dresden zu sehen ist. Arnim schildert die Entstehung dieses Bildes. Das Vorbild für die Madonna ist natürlich Benedetta, wie sie ihm vorschwebt. Dann folgt eine phantastische Geschichte zu diesem Bild:

„Ich habe zwei Söhne, denk dir mein Glück. Ich habe sie heute gemalt, ohne es zu wissen". Ja, herrliche Knaben sind es, du kannst sie sehen auf dem Bilde

*Raffael Sixtinische
Madonna 1512*

*der Madonna mit dem heiligen Sixtus; unten, wo mich der leere Raum ärgerte,
da stehen sie übergelehnt hinaufblickend mit bunten Flügeln. Ich fand sie vor
dem Bilde, sie riefen meine Jungfrau als Mutter an und blickten gerade so über
eine Stuhllehne. Ich kannte sie nicht, aber sie gehörten zum Bilde, ich malte sie
mit einem Hauche. Als ich mit dem Untermalen fertig, trat der Kardinal ein,
schien verlegen und schickte die Kinder fort; dann fragte er, ob ich wünsche,
daß dies meine Kinder wären. Ich antwortete, daß es mich glücklich machen
würde. Er wurde ernst, wandte mich seitwärts um und sprach: „Es sind deine
Kinder, nimm sie an aus der Hand, die sie erhalten". Ich blicke hin, und wie eine
Erscheinung steht da das Vorbild meines Bildes der Himmlischen, aber wie ein
Geist neben dem Körper, und an ihrem Finger glänzt jener entscheidende Ring,
den Benedetta von der Statue erhielt. Sie führt mir die Kinder zu, sie zeigt mir
den Ring, es ist Benedetta – kaum kann ich's vor Herzklopfen erzählen!* Hier
überlagern sich nun Bild, Traum und Wirklichkeit. Es handelt sich um auch
Raphaels *Verklärung*, der an einem Karfreitag des Jahres 1520 stirbt. Ut pic-
tura poesis könnte man sagen, aber nicht als Nachahmung, sondern als völlig
eigenständiges Ensemble, das auch in die Sixtinische Madonna hineinwirkt;
denn die beiden Engelsknaben sind von Ghita.

Wissenschaftliche Nachschrift

Achim von Arnims Erzählung *Raphael und seine Nachbarinnen* (1824) hat
in der Forschung einige Beachtung gefunden. Einige Arbeiten finden sich in
den Fußnoten. Mir geht es jedoch nicht um einen weiteren wissenschaftlichen Beitrag, sondern um Erkundungen und Überlegungen anlässlich eines
Motivs. Die Zitate aus Arnims Erzählung werden zitiert nach Walther Migge
(Hrsg.), Achim von Arnim, Sämtliche Romane und Erzählungen, München
1962–1965, Bd. 3, 225–276. Ich verzichte auf Seitenangaben, da sich in dem
relativ kurzen Text schnell die Zitate finden lassen.

Die Ziffern beziehen sich auf die nachgestellten im Text.

1. Vorläufer Rotpeters in der deutschsprachigen Literatur sind E. T. A. Hoffmanns *Nachricht von einem gebildeten jungen Mann* (1814) und in der Nach-
folge Wilhelm Hauffs *Der Affe als Mensch* (1827). Vgl. dazu die gelehrte
Schrift *Rotpeters Ahnherren, oder: Der gelehrte Affe in der deutschen Dichtung*
von Patrick Bridgwater in DVjs 56, S. 447–462. Ferner Virginia Richter: *Blurred copies of himself. Der Affe als Grenzfigur zwischen Mensch und Tier in der
europäischen Literatur seit der Frühen Neuzeit.* In: *Topographien der Literatur.*
Hrsg. von Hartmut Böhme. Stuttgart 2005, S. 603–624. Horst-Jürgen Gerigk:
Der Mensch als Affe: In der deutschen, französischen, russischen, englischen

und amerikanischen Literatur des 19. und 20. Jahrhunderts. Hürtgenwald 1989. Gerhard Neumann: *Der Blick des Anderen. Zum Motiv des Hundes und des Affen in der Literatur,* Jb. der dt. Schillergesellschaft XL 1996, S. 87–122. Hartmut Böhme: *Der Affe und die Magie in der „Historia von D. Johann Fausten".* In: Röcke, Werner (Hrsg.): *Thomas Mann. Doktor Faustus 1947–1997.* Publikationen zur Zeitschrift für Germanistik, Neue Folge Bd. 3 2001, S. 109–145. Als viel zitiertes Standartwerk gilt H. W. Janson, *Apes and Ape Lore, in the Middle Ages and the Renaissance* (Studies of the Warburg Institute, Edited by H. Frankfort, Vol. 20), London, 1952.

2. Jörg Immendorff: *Malerdebatte.* Kunstmuseum Bonn 1998. Darin: Dieter Ronte, *Über die allmähliche Verfertigung der Gedanken beim Malen.* S. 9–26. „Kunst [...] zählt zu den Nahrungsmitteln". (11) Titel *Das Bild muß die Funktion der Kartoffel übernehmen in Male Lago* – unsichtbarer Beitrag. Neue Nationalgalerie 23.09.2005–22.01.2006. Jörg Immendorff, Andreas Wrede: *Die Kunst muss uns zur Kartoffel werden.* 2005 (Bastei Lübbe). Das Buch scheint aus Bibliotheken und vom Markt verschwunden zu sein.

3. Auch der Ausdruck „blurred copies" (Anm. 1) scheint mir angemessen. Gerhard Richter hat solche blurred copies gemalt! Vgl. auch Julika Griem: *Monkey Business. Affen als Figuren anthropologischer und ästhetischer Reflexion 1800–2000.* 2010.

4. Immendoff selbst kommentiert den Titel: „Die oppositionelle Energie, die in mir gegenüber meiner eigenen Arbeit steckt, ist andererseits eine Energiequelle". *Jörg Immendorff im Gespräch mit Pamela Kort.* Kunst heute Nr. 11. Köln 1993, S. 78.

5. Ebd. 73.

6.www.hofheim.de/kultur/Stadtmuseum/Sonderausstellung/Ausstellungsrueckblick/Sonderausstellungen_2006_-_2010/Joerg_Immendorff_-_Der_Affe_und_ich.php.

7. Ralf Simon und Malte Stein: *Zur Intertextualität in Arnims Raphael-Erzählung.* Athenäum. Jahrbuch für Romantik, 5. Jg., 1995, S. 292–317. Hier S. 296.

8. Christiane Holm: *Amor und Psyche. Die Erfindung eines Mythos in Kunst, Wissenschaft und Alltagskultur (1765–1840)* (= Kunstwissenschaftliche Studien), München [u.a.] 2006. Andreas Beyer: [Rezension zu:] Christiane Holm. In: ArtHist.net, 11.12.2007. Letzter Zugriff 01.01.2018. https://arthist.net/reviews/175:

„Der Stoff zählt nicht zur griechischen Textüberlieferung, sondern findet sich erst in einem lateinischen Roman, den ‚Metamorphosen' (‚Der Goldene Esel') des Lucius Apuleius ausgebreitet und zählt zu den beliebtesten Sujets der Kunst- und Literaturgeschichte. Auf antiken Gemmen und Sarkophagreliefs, in pompejanischen Fresken und in Bildwerken hat dieses Liebesthema überdauert. Es handelt sich um die prominenteste neuzeitliche Rezeption,

Raffaels Fresken für die ‚Loggia di Amor e Psyche' in der Villa Farnesina, aber blieb die antike literarische Vorgabe und deren frühneuzeitliche Texttradition maßgeblich. Schon in Raffaels Rekurs auf die schriftliche Quelle, unter offenbar bewusster Vermeidung jeder bildgestützten Herleitung, artikuliert sich die besondere Eigenart dieses Mythos, der in einer auffällig wechselwirksamen Dynamik zwischen Literatur und Bild zu stets neuen Darstellungen und Interpretationen gefunden hat. In der Folge freilich sollte, aufschlussreich genug, für die malerische Rezeption des Mythos Raffaels „Loggia" maßgeblich bleiben".

9. Hierzu maßgeblich mit vielen Belegen Christof Wingertszahn: *Ambiguität und Ambivalenz im erzählerischen Werk Achims von Arnim*. Mit einem Anhang unbekannter Texte aus Arnims Nachlaß, St. Ingbert 1990. Zu Raphael S. 354–359. Uwe Japp: *Die Identität des Künstlers. Arnims Erzählung Raphael und seine Nachbarinnen*. Schriften der Internationalen Achim von Arnim-Gesellschaft, Bd. 4, Tübingen: 2003, S. 217–227.
Das Arnimsche Ambivalenzverfahren ist von einer komplexen Struktur, die Simon und Stein mustergültig herausgearbeitet haben. „Irdisch vs. himmlisch, Venus (Galatea) vs. Maria (Madonna), antike Kunst vs. christliche Wahrheit, weltliches Leben vs. Klosterheilige, Sinnlichkeit vs. Idealität, Körper vs. Seele: Dichotomien dieser Art strukturieren den Text, aber nicht in einfacher Zweistelligkeit. Stets findet ein komplexitätssteigernder Re-entry der Dichotomie in die Dichotomie statt. Idealität ist ohne Sinnlichkeit nicht darstellbar; in der Idealität findet sich ihr Oppositum wieder als sie ermöglichend. Umgekehrt ist Sinnlichkeit ohne Idealität keine Möglichkeit der Kunst. Die Dichotomie wendet sich gleichsam auf sich selbst an; was zunächst der strenge Widerpart eines Relats zu sein scheint, taucht immer auch auf der jeweils „falschen" Seite auf. Auf dieser Ebene der Formalisierung ließe sich die Einkopierung der Dichotomie in die Dichotomie als Strategie des Unterlaufens ihrer einfachen Zweistelligkeit mit dem Begriff der Dekonstruktion zusammenbringen". Ralf Simon und Malte Stein: *Zur Intertextualität in Arnims Raphael-Erzählung*. Wie Anm. 7, S. 295.
10. Friedrich Nietzsche: *Aus dem Nachlass der Achtzigerjahre*. Werke in drei Bänden. Ed. Karl Schlechta. Darmstadt1966. Bd.3, S. 756.
11. HP Riegel: Immendorff. *Die Biographie*. Berlin 2010. S. 291ff. Vgl. Lessings Emilia Galotti, 2. Aufzug: *Oder meinen Sie, Prinz, daß Raffael nicht das größte malerische Genie gewesen wäre, wenn er unglücklicherweise ohne Hände wäre geboren worden?*
12. Tilman Spengler: *Waghalsiger Versuch, in der Luft zu kleben*. Roman. Berlin 2015. Hier S. 47.
13. Spengler a.a.O. S. 47.
14. Riegel a.a.O. S. 277.
15. Spengler a.a.O. S. 106, 109.

Taten des Lichts – Mack & Goethe

Sonderausstellung im Goethe-Museum Düsseldorf

Vom 04.03.2018–27.05.2018 läuft die von Barbara Steingießer kuratierte Sonderausstellung im Goethe-Museum Düsseldorf, die Heinz Macks von Goethes Farbenlehre inspirierte Werke in einer großartigen Zusammenschau präsentiert. Die gattungsübergreifende Ausstellung zeigt zahlreiche selten oder noch nie ausgestellte Werke Heinz Macks sowie vielfältige Exponate aus dem Bestand des Goethe-Museums, ferner rare Leihgaben aus Weimar, Dresden und Wien.

Wie der Klassiker Goethe war auch der Avantgardist Mack fasziniert von Farben, Formen und Strukturen der Natur. Außer der Vorliebe für die Farben des Lichts und die Leuchtkraft der Farbe betont die Ausstellung weitere Parallelen der beiden Künstlerpersönlichkeiten, etwa die Inspiration, die beide in der Kunst des Orients fanden.

Ein Katalog der Ausstellung ist ebenfalls erhältlich.

Begrüßungsrede zur Eröffnung der Ausstellung *Mack & Goethe*
im Goethemuesum Düsseldorf am 4. März 2018
von Barbara Steingießer

Was sind *Taten des Lichts*? – Das haben Sie sich vielleicht gefragt, als Sie die
Einladung zur heutigen Vernissage bekamen.

„Die Farben sind Taten des Lichts",[1] schreibt Goethe im Vorwort zur *Farbenlehre*, denn er war davon überzeugt, dass die Farben durch das Zusammenwirken von Licht und Finsternis entstehen. Ohne Licht können wir die Farben nicht sehen, daher ist das Verständnis von Farben als *Taten des Lichts* auch für uns unmittelbar einleuchtend.

Doch der Titel passt nicht nur zum zentralen Thema der Ausstellung, sondern auch zu den beiden Nebenthemen *Struktur und Morphologie* und *Inspiration Orient*. Ohne Licht gibt es kein Leben, weshalb auch das, was Goethe in seinen Schriften *Zur Morphologie* beschreibt, nämlich die „Bildung und Umbildung organischer Naturen", auf die *Taten des Lichts* zurückzuführen ist.

Und drittens: Im Morgenland geht die Sonne auf. Auch das ist – Sie wissen schon, worauf ich hinaus will – eine *Tat des Lichts*.

In *Wilhelm Meisters Lehrjahren* schreibt Goethe: „Des echten Künstlers Lehre schließt den Sinn auf; denn wo die Worte fehlen, spricht die Tat".[2] Tätigkeit kennzeichnet also nicht nur das Licht, sondern auch die Künstlernatur und ganz besonders Goethe und Mack, zwei Künstler von außerordentlicher Produktivität und Energie, zwei Persönlichkeiten, deren Betätigungsfelder und Interessensgebiete nicht vielfältiger und umfassender hätten sein können. Da ist auf der einen Seite der zeichnende Dichter, Politiker und Naturwissenschaftler Goethe und auf der anderen Seite der zuweilen auch dichtende und musizierende Bildhauer, Maler und Philosoph Mack.

Ich freue mich sehr, dass Heinz Mack einverstanden war, als ich ihm den Titel *Taten des Lichts* vorschlug, und ich bin ihm dankbar dafür, dass er vor der Gegenüberstellung seiner Bilder und Skulpturen mit Werken Goethes nicht zurückgeschreckt ist.

---

1 Johann Wolfgang von Goethe, *Zur Farbenlehre*, Bd. 1, Tübingen 1810 [Faksimile des didaktischen Teils, 2. Aufl., Dortmund 1982], S. X.
2 Johann Wolfgang von Goethe, *Wilhelm Meisters Lehrjahre* VII, 9, Lehrbrief, WA, Bd. I 23, S. 124 f., hier: S. 125.

Keinesfalls möchte Heinz Mack vermessen erscheinen. Und so sagt er: „Mack und Goethe begegnen sich selbstredend n i c h t auf gleicher Augenhöhe!"[3] Für den Maler und Bildhauer thront der Dichter auf dem Parnass, er selbst dagegen versteht sich nur als „gelegentlicher Besucher in Delphi". Das wiederum erinnert an Goethes Formulierung vom „Gast in einer fremden Wohnung"[4], als der er sich empfand, wenn er sich den Naturwissenschaften widmete.

Für seine *Farbenlehre* hatte er sich gewünscht, dass „eine Gesellschaft verschiedenartiger Männer zusammen arbeiten und jeder von seiner Seite mit eingreifen könnte, um ein so schwieriges und weitläufiges Unternehmen fördern zu helfen". Dafür hätte er gern, wie er sich später erinnert, „den Philosophen, den Physiker, Mathematiker, Mahler, Mechaniker, Färber und Gott weiß wen alles in Anspruch genommen".

Doch sein Schwager Johann Georg Schlosser (1739–1799), dem er 1793 von seinem Plan berichtet hatte, war dafür nicht zu begeistern gewesen. Er, so Goethe, „lachte mich aus: ich sei, meinte er, in meinen alten Tagen noch immer ein Kind und Neuling, daß ich mir einbilde, es werde jemand an demjenigen Theil nehmen, wofür ich Interesse zeige, es werde jemand ein fremdes Verfahren billigen und es zu dem seinigen machen, es könne in Deutschland irgendeine gemeinsame Wirkung und Mitwirkung statt finden!"[5]

Goethe, dem jegliches Denken in starren Kategorien fremd war, stellte verwundert fest: „[…] nirgends wollte man zugeben, daß Wissenschaft und Poesie vereinbar seyen. Man vergaß daß Wissenschaft sich aus Poesie entwickelt habe, man bedachte nicht daß, nach einem Umschwung von Zeiten, beyde sich wieder freundlich, zu beyderseitigem Vortheil, auf höherer Stelle, gar wohl wieder begegnen könnten".[6] Heute dagegen scheint – angesichts des steigenden Interesses an interdisziplinären Forschungsprojekten und spartenübergreifenden Kunstkonzepten – eine solche Epoche zumindest näherzurücken.

Der zeitliche Abstand jedenfalls ist etwas, das dem Maler und Bildhauer Mack beim Gedanken an Goethe stets bewusst bleibt. Jahrhundertelang versuchten Künstler, das Licht zu malen: direkt als Kerzenflamme oder indirekt, wenn es den Faltenwurf eines Tischtuches modelliert oder sich in einem Weinglas bricht. Heinz Mack hingegen malt heute nicht mehr das Licht, sondern lässt es in seinen Lichtreliefs selbst zur Erscheinung kommen. Das Licht wird nicht

---

3 Heinz Mack im Gespräch mit der Autorin am 28. September 2017.
4 Goethe 1810 (wie Anm. 1), Schlußwort, S. 350 f.
5 Johann Wolfgang von Goethe, Belagerung von Mainz, WA, Bd. I 33, S. 327.
6 Johann Wolfgang von Goethe, Zur Morphologie, Bd. 1, Stuttgart und Tübingen 1817, „Schicksal der Druckschrift", S. 71 f.

mehr dargestellt, sondern es wird auf der Bühne, die der Künstler ihm bietet (und die es durch seine vibrierende Energie immaterialisiert), selbst zum Darsteller. Daher sind alle Kunstwerke des Lichtkünstlers Heinz Mack zugleich „Taten des Lichts".

Auch wenn Mack darauf hinweist, dass es sich bei einer eventuellen Übereinstimmung zwischen seiner eigenen Kunstauffassung und derjenigen Goethes nur um eine „Koinzidenz" handeln könne, nicht jedoch um „Kohärenz"[7], ist es gleichwohl erlaubt, die eine oder andere Gemeinsamkeit aufzudecken. Goethe selbst sagt in den unter dem Titel *Maximen und Reflexionen* bekannt gewordenen Aphorismen: „Nach Analogien denken ist nicht zu schelten[…]".[8] Und noch als 80-Jähriger schrieb er an Zelter: „[…] Bezüge gibt's überall und Bezüge sind das Leben".[9] Assoziationen wecken Neugier, die Grundvoraussetzung allen schöpferischen Denkens, ganz gleich auf welchem Gebiet, in der Wissenschaft oder in der Kunst.

Bezüge – das haben wir bei der Arbeit an diesem Ausstellungsprojekt festgestellt, gibt es nicht nur zwischen zwei sehr eigenständigen Künstlerpersönlichkeiten aus zwei verschiedenen Jahrhunderten, sondern auch zwischen den einzelnen Abteilungen der Ausstellung, die sich grob in den Schwerpunkt „Licht und Farbe" und die beiden Nebenthemen „Morphologie" und „Inspiration Orient" gliedern lässt.

Beginnt man bei der Recherche mit Goethes Farbenlehre und stößt dabei auf einen Brief des Dichters an den Physiker Thomas Seebeck (1770–1831), in dem es um den Einfluss farbigen Lichtes auf das Pflanzenwachstum geht,[10] so wandert der Blick von den Farben als „Taten des Lichts" auf die „Bildung und Umbildung organischer Naturen" und damit zur Morphologie.

Besonderes morphologisches Interesse hatte Goethe am Ginkgo-Baum, der weder zu den Laub- noch zu den Nadelhölzern gehört und dessen fächerförmiges, in der Mitte eingekerbtes Blatt für ihn zum Symbol der Liebe wurde. „Ist es Ein lebendig Wesen, / Das sich in sich selbst getrennt", fragt er. „Sind es zwey die sich erlesen, / Dass man sie als Eines kennt".[11]

7 Heinz Mack im Gespräch mit der Autorin am 20. Dezember 2016.
8 Johann Wolfgang von Goethe, *Maximen und Reflexionen über Literatur und Ethik*, WA, Bd. I 42 II, S. 180.
9 Johann Wolfgang von Goethe, Brief an Carl Friedrich Zelter vom 29. Januar 1830, WA, Bd. IV 46, S. 221– 226, hier: S. 223.
10 Brief vom 18. Februar 1810, WA, Bd. IV 51, S. 277 f.
11 Johann Wolfgang von Goethe, Ginkgo biloba, auf den 15. September 1815 datierte Reinschrift.

Goethe nahm dieses Gedicht in den *West-oestlichen Divan*[12] auf. Damit richtet sich der Fokus, auch unabhängig von der chinesischen Herkunft des Baumes, auf den Orient. Und dass dort, wo die Sonne aufgeht, das Interesse an der Zusammensetzung des Lichtes besonders groß war, versteht sich fast von selbst. Goethe weiß zu berichten, das Prisma sei „ein Instrument, welches in den Morgenländern so hoch geachtet wird, daß sich der chinesische Kayser den ausschließenden Besitz desselben, gleichsam als ein Majestätsrecht, vor behält"[13]. Damit schließt sich der Kreis zum Ausgangspunkt, zur Farbe.

Weil schon Goethe wusste: „[…] Wort und Zeichen sind nichts gegen sicheres, lebendiges Anschauen […]"[14], haben wir alles daran gesetzt, die Bezüge zwischen Kunst und Wissenschaft und die Parallelen zwischen Goethe und Mack durch die Gegenüberstellung möglichst anschaulicher Exponate sinnlich erfahrbar zu machen, „[…] denn nur durch Zusammenstellen des Verwandten entsteht nach und nach eine Totalität, die sich selbst ausspricht und keiner weitern Erklärung bedarf".[15]

---

12 Johann Wolfgang von Goethe, *West-oestlicher Divan*, Stuttgart 1819, S. 131.
13 Johann Wolfgang von Goethe, *Beyträge zur Optik*, Bd. 1, Weimar 1791 [Faksimile, Weimar 2007], § 33, S. 19.
14 Johann Wolfgang von Goethe, *Entoptische Farben*, Ansprache, LA, Bd. I 8, S. 94 f., hier: S. 94.
15 Goethe 1810 (wie Anm. 1), § 228, S. 87.

Kleine Beiträge

Jürgen Knaack

Eine bisher unbekannte Quelle

Bereits am ersten Tage seiner Herausgeberschaft des Preußischen Correspondenten, am 1. Oktober 1813, hat Arnim eine kurze Meldung veröffentlicht: „Wittenberg brannte seit dem 19ten dieses. Die Congreveschen Raketen richten die grössten Verehrungen (sic!) an". Diese Meldung stammte aus der Vossischen Zeitung. Auf der nächsten Seite seiner Zeitung hat Arnim dann in einem einspaltigen Artikel erklärt, was eine Congrevische Rakete ist. Wahrscheinlich, weil er annahm, dass viele der Leser nicht wüssten, worum es sich dabei handelt.

Die Congreveschen Raketen bestehen aus einer eisernen hohlen Kugel, an welcher eine blecherne Büchse mit vielen Löchern befestiget ist; ein langer Stock dient wie bei den gewöhnlichen Raketen zur Erhaltung der Richtung und des Gleichgewichtes. Das Gestell zum Werfen ist eine große nach Verschiedenheit der Größe von mehr oder weniger Pferden gezogene Maschine mit zwei Rinnen, so daß immer zwei Raketen zugleich geworfen werden können. Die Rinne ist nach allen Richtungen beweglich und dient zum Zielen. Die kleineren Raketen zum Gebrauch in der Schlacht wiegen 12 Pfund und werden von Artilleristen zu Pferde fortgebracht, deren jeder 4 Stück bei sich führt, ihre Kugel hat die Größe einer 4pfündigen Kanonenkugel; die zum Belagerungsgebrauch sind weit größer, und werden bogenförmig, erstere dagegen in horizontaler Richtung abgeschossen. In dem Augenblick wo sie in die Rinne gelegt und entzündet werden, gehn sie mit einem gewaltigen Getöse ricochetirend und aus den Löchern der rohrförmigen Büchse einen beständigen Feuerstrom nach allen Seiten werfend ohngefähr 1000 Schritte fort; die bogenförmig abgeschossenen größeren gehen natürlich viel weiter und das Getöse wenn sie durch die Luft fahren soll furchtbar seyn. Bei der Entzündung entsteht auch rückwärts 10 bis 15 Schritt weit ein starker Feuerstrom. Die aus der Röhre ausgeworfene brennende Masse ist pechartig, hängt sich an jeden Gegenstand fest, ist fast unlöschbar und brennt in einem Augenblick bis auf den Knochen durch. Wenn der Brennstoff in der Röhre verzehrt ist, liegt die Maschine still, und nun geräth die in der Kugel enthaltene Masse in Brand. Diese ist von ganz anderer Art; denn wenn der Stoff in der Röhre zischend und mit Getöse brennt, so brennt der in der Kugel mit einer ganz ruhigen aber tief eindringenden Flamme, aber auch mit solcher Wirksamkeit, daß selbst ganz durchnäßtes Holz in helle Flammen geräth. Dies dauert etwa 10 Minuten; ist auch dieser Stoff ausgebrannt, so erfolgt die Explosion und die Kugel zerspringt wie eine gewöhnliche Granate.
  Einige zwanzig solcher Maschinen gegen eine Kavallerielinie losgelassen, zersprengen sie ohnfehlbar, und selbst die Infanterie widersteht einem solchen Heere feuriger Drachen nicht, wie wir schon das Beispiel in dem Gefecht von Göhrde vor

uns haben, wo durch sie in einem Augenblick ein Infanterie-Viereck mit Hinter-
lassung zweier Kanonen gesprengt ist.

Am 21sten wurden mit diesem Geschüz bei Zerbst in Gegenwart des Kron-
prinzen Generalissimus Versuche angestellt, welche sehr befriedigend ausfielen.
Ohrenzeugen versichern, das Getöse desselben sei keinem andern Tone zu vergleichen, die Pferde der Zuschauer wurden fast sämmtlich scheu, ja selbst mehrere Kosakenpferde warfen ihre Reuter ab. Noch am folgenden Tage war die
Bahn welche die kleinen Raketen dicht über der Erde durchlaufen hatten, überall durch das ohnerachtet des anhaltenden Regens völlig versengte Gras kennt-
lich. Am 22sten ist darauf eine Parthie davon nach Wittenberg abgegangen.

In der Spenerschen Zeitung Nr. 117 vom 30.9.1813, S. 4 heißt es über die Bela-
gerung von Wittenberg: „Wir sind begierig auf den Effekt der Congreveschen
Brandraketen". Die Vossische Zeitung druckt in Nr. 119 vom 5.10.1813 auf
S. 7–8 den gesamten ersten Absatz aus dem Preußischen Correspondenten
wörtlich mit Nennung der Quelle ab. Der Oesterreichische Beobachter Nr. 289
vom 16.10.1813, S. 1466, die Laibacher Zeitung und die Allgemeine Zeitung
Nr. 295, beide vom 22.10.1813, die Neue Bremer Zeitung Nr. 5 vom 29.10.1813,
S. 2–3 und der Bote von Süd-Tyrol, Nr. 9 vom 30.10.1813 drucken den Artikel wörtlich ohne Nennung der Quelle ab. Der Text steht mit einer längeren
Einleitung auch ohne Nennung der Quelle in Deutsche Blätter Nr. 43 vom
4.12.1813, S. 453–454. Und Franz Georg Ferdinand Schläger übernimmt in
einem ausführlichen Artikel in der Minerva von 1814, Bd. 3, S. 49–51 Arnims
Beschreibung. Auch D.F. Schäffer bedient sich in dem 7. Band von *Der Weltum-
segler. Großbritannien und Ireland*, 1817, S. 131 bei der Beschreibung des englischen Heeres und seiner Waffen des Arnimschen Textes. Und sogar spätere
Lexika wie die Allgemeine deutsche Realencyclopädie von 1819 und das Con-
versationslexikon von 1820 beziehen ihr Wissen aus Arnims Beschreibung.
Bisher war angenommen worden, dass Arnim der Verfasser des Textes war,
zumal er ausreichend naturwissenschaftlich-technische Vorkenntnisse besaß. Es gibt jedoch eine eindeutige Quelle, aus der Arnim den Text wörtlich
abgeschrieben hat. Und zwar war kurz zuvor in der Baumgartschen Buchhandlung in Leipzig anonym eine vierseitige Broschüre erschienen *Abbildung
und Beschreibung der Congreveschen Brand-Racketen, so wie solche im Monat August 1807 bei der Belagerung von Copenhagen wie auch im Kriege von
1813 von den Engländern gebraucht worden sind.* Ein Exemplar der zweiten
Auflage von 1814 befindet sich in der Staatlichen Bibliothek in Passau, ein
weiteres in der Österreichischen Nationalbibliothek in Wien. Die Broschüre
enthält neben dem Text, den Arnim abgedruckt hat, auch eine Zeichnung
und eine ausführliche Erklärung zu der Zeichnung. Lediglich der letzte Satz
in der Darstellung im Preußischen Correspondenten stammt von Arnim.

Jürgen Knaack

Die Allgemeine deutsche Zeitung für Rußland als Quelle für den Preußischen Correspondenten

Seit der Dritten Polnischen Teilung 1795 war das Kurland ein russisches Gouvernement. Seine Hauptstadt war Mitau, das heutige Jelgava. In Mitau erschienen seit 1766 die Mitauischen Nachrichten von Staats-, gelehrt und einheimischen Sachen, die in der Folge mehrfach umbenannt wurden. Von 1811–1831 hießen sie Allgemeine deutsche Zeitung für Rußland. Verleger war der 1744 auf Rügen geborene Johann Friedrich Steffenhagen, der 1769 A. M. Liedtke – die Witwe des Kurländischen Hochfürstlichen Hofbuchdruckers Christian Liedtke geheiratet hatte. Als Mitgift erhielt Steffenhagen das Druckhaus und wurde zum Buchdrucker des Herzogs von Kurland und Semgallen mit allen Privilegien seines Vorgängers, einem Gehalt von 65 Taler, einem Lebensmittel- und Brennholzdeputat und einer freien Wohnung im Gebäude der Druckerei. 1799 erbaute Steffenhagen das neue Gebäude seines Druckhauses in der Kaņģizeru (Kannulējēju) Strasse 20 und machte seinen adoptierten Sohn – den Neffen J. M. Peterss zum Partner. Ab jetzt wurde das Unternehmen „J. F. Steffenhagen und Sohn" genannt. Die Steffenhagens waren eine prominente Verlegerfamilie in Jelgava, die ihr Unternehmen 150 Jahre lang – von 1769 bis 1919 führte.

Seit 1811 war der aus einer baltischen Adligenfamilie stammende Johann Friedrich von der Recke (1764–1846) Herausgeber der Zeitung. Er hatte in Göttingen Rechtswissenschaften, Geschichte, Altertumskunde und Philosophie studiert, war seit 1801 Rat des kurländischen Kammeralhofes und Mitbegründer der kurländischen Gesellschaft für Literatur und Kunst.

Seit ihrer Umbenennung im Jahre 1811 erschien die Zeitung zunächst 3x wöchentlich auf einem ganzen Bogen, d.h. sie hatte vier Seiten mit je zwei Druckspalten. Zwei Jahre später erschien sie dann täglich außer sonntags. Sie war die wichtigste Zeitung des Kurlandes und damit ein Verbindungsblatt zwischen den anderen russischen Zeitungen, aus denen sie zitierte, und den westlichen deutschsprachigen Zeitungen. Bevorzugte Quelle für Meldungen aus Russland war die Petersburger Zeitung, für Meldungen aus dem Westen sehr oft der Hamburgische oder der Preußische Correspondent.

Da im Kurland der Julianische Kalender galt, waren die westlichen Zeitungen und die Mitauische immer 13 Tage datumsmäßig auseinander. Seit Ende August 1813 übernahm die AdZfR regelmäßig Artikel aus dem Preußischen Correspondenten.

So zitierte die AdZfR von Do., den 2. Oktober 1813 auch einen Bericht, den Arnim in der ersten von ihm verantworteten Nr. des PC vom 1. Oktober 1813 über den spanischen General Senen de Contreras veröffentlicht hatte, mit der Quellenangabe „Preuss. Korresp". Und auch der von Arnim publizierte „Aufruf eines Russen…" (PC Nr.107 vom 4.Okt.1813) ist wörtlich mit Quellenangabe in der AdZfR Nr. 238 vom 4. Okt. 1813 abgedruckt.

Arnim benutzt einen Artikel der AdZfR erstmals in Nr. 121 vom 29.10.1813, wo er wörtlich eine Meldung aus Moskau aus der Nr. 240 vom 7.10. 1813 zitiert. Bis zum Ende des Jahres übernimmt er mindestens 10 Artikel aus der Mitauischen Zeitung, ohne jemals die Quelle dafür anzugeben. Die letzte Meldung übernahm er in der Nr. 6 des PC vom 12.1.1814 aus der AdZfR Nr. 309 vom 26.12.1813.

Wie es zu dem Austausch der beiden Zeitungen gekommen ist, ist unbekannt. Vermuten lässt sich, dass sich die beiden Verleger Reimer und Steffenhagen kannten, vielleicht ging der Kontakt auch über von der Recke und Niebuhr oder Schleiermacher, die Herausgeber des Preußischen Correspondenten vor Arnim waren.

Jürgen Knaack

Bescheidene Gegenfrage wegen des Indults

In der Arnim-Werkausgabe Bd. 6 „Schriften" von 1992 im Deutschen Klassiker Verlag ist auf S. 507–509 ein Artikel von Arnim abgedruckt, dessen Grundlage eine GSA-Handschrift gewesen ist. Im Kommentar dazu habe ich geschrieben, dass der erste der beiden Aufsätze über den Indult auf jeden Fall gedruckt sein müsse, die Quelle aber nicht ermittelt werden konnte. Diese Lücke kann ich jetzt schließen. Arnims Manuskript ist mit einigen wenigen Schreibänderungen wörtlich in den Berlinischen Nachrichten Nr. 8 vom 18. Januar 1816, S. 6 gedruckt worden. Er nimmt dabei Bezug auf einen Artikel „Bescheidne Anfrage, den Zinsfuß beim Induld betreffend" in den BN Nr. 6 vom 13.1.1816, S. 6. Die Diskussion wird dann weitergeführt in den BN Nr. 12 vom 27.1.1816 mit dem Titel „Indult". Hierbei handelt es sich um den Artikel des Rentners, auf den Arnim in seiner zweiten Handschrift Bezug nimmt. Unter dem Titel „Vigilantibus jura sunt scripta" in Nr. 14 vom 1.2.1816, S. 6 nimmt ein weiterer Leser Stellung zu dem Artikel des Rentners. In Nr. 15 vom 3.2.1816, S. 5 geht die Diskussion weiter unter dem Titel „Ueber den Streit einiger Grundbesitzer und Capitalisten in den Haude- und Spenerschen Zeitungen". Am Ende des Artikels steht eine Stellungnahme der Redaktion:

> „(Nach allem was über vorstehenden Gegenstand in dieser Zeitung bereits abgedruckt worden ist, dünken uns die verschiedensten Ansichten der bei dieser Angelegenheit interessierten Personen sattsam dargestellt, um zu einem Resultat zu gelangen. Wir werden daher zu weitere Erörterungen keinen Platz einräumen). Die Verleger".

Die Verleger haben sich dann aber doch nicht ganz an ihre Ankündigung gehalten, denn in Nr. 16 vom 6.2.1816, S. 5 steht dann noch:

> „Indult. Statt alles Schreibwerks über Begünstigung der Grund-Eigenthümer auf Kosten der Rentenirer und umgekehrt (sind sie doch alle Bürger Eines Staats und einer dem andern unentbehrlich) wird empfohlen: Poselger über den Indult. Berlin u. Halle 1815, 120 S. 8. und die treffliche Abhandlung wegen Erhaltung der Grund-Eigenthümer etc. in der Nemesis Bd. 5 Stück 1, 1815, S. 56–118. zu lesen, in welchen diese Materie erschöpfend behandelt, und aus dem einzig richtigen Gesichtspunkte dargestellt ist. Von einem Staatsbürger".

Die zweite Handschrift Arnims „Fortsetzung der Gegenfrage wegen des Indults" wurde also nicht abgedruckt.

Norbert Wichard

Über ein Autograph von Friedrich Wilhelm III.
an Antonie Brentano

2017 wurde im deutschen Autographenhandel ein kurzes Schreiben des preußischen Königs Friedrich Wilhelm III. angeboten, über das hier kurz berichtet werden soll:

Das Geschenk der Prachtausgabe von Canovas Monument, durch welche Sie die Kunst und das Andenken Ihres Vaters geehrt haben, ist Mir eben so schätzbar als die Veranlaßungen, aus welchen sie entstand. Ich bezeuge Ihnen daher Meinen verbindlichen Dank, und überschicke Ihnen die anliegende Medaille als ein Andenken. Wien den 23ten Dezember 1814.

Friedrich Wilhelm

Der Brief umfasst am oberen Seitenrand die zitierten Zeilen von Schreiberhand mit eigenhändiger Unterschrift des Königs. Am unteren Seitenrand findet sich außerdem die Zeile des Schreibers: „An die Frau v. Brentano geb. v. Birkenstock zu Frankfurth a/M". Dahinter wurde später ein Stempel mit einem verschlungenen, doppelten ‚B' hinzugefügt, das für Brentano-Birkenstock steht. Dem Schreiben liegt außerdem der Originalumschlag mit Siegel bei. Derselbe Brief wird in einer Nachlassliste aus dem Jahr 1896 erwähnt; mit anderen Autographen der Familie wird er dort von der Buchhandlung Joseph Baer & Co. (Frankfurt am Main) per Auktion zum Verkauf angeboten.[1]

Briefe der preußischen Könige in dieser Art sind nicht selten. Die Adressatin, Antonie Brentano, lohnt aber einen zweiten Blick: Entstanden ist der Brief während des Wiener Kongresses, an dem Friedrich Wilhelm III. zwischen September 1814 und Mai 1815 selbst teilnahm.[2] Anlass des Briefes ist offen-

---

1 Katalog einer werthvollen Sammlung von Autographen und Urkunden aus dem Nachlasse des Schoeffen und Senators Franz Brentano und seiner Gemahlin Antonia Brentano geb. Edlen von Birkenstock. Frankfurt am Main. Joseph Baer & Co. 1896, S. 23.
2 Karin Schneider und Eva Maria Werner: *Europa in Wien. Who is who beim Wiener Kongress 1814/15*. Wien, Köln, Weimar: Böhlau 2015, S. 161f.

sichtlich die Übersendung eines Buches durch Antonie Brentano: Es handelt sich dabei um die prachtvolle, posthume Herausgabe (1813) eines längeren lateinischen Preisgedichtes (*carmen*) ihres Vaters Johann Melchior von Birkenstock bezüglich des von Antonio Canova geschaffenen monumentalen Grabdenkmals für die Erzherzogin Marie Christine in der Wiener Augustinerkirche aus dem Jahr 1805.[3]

Antonies Vater, ursprünglich aus Heiligenstadt, war Jurist und bei den Habsburgern unter anderem für das Bildungswesen zuständig; privat pflegte er eine ungewöhnlich große Kunstsammlung und eine Bibliothek mit rund 7.000 Titeln. Bettina von Arnim erwähnt die Sammlungen im Haus der Birkenstocks in Wien eindrücklich (vgl. *Goethes Briefwechsel mit einem Kinde*, 2. Teil, 15. Mai 1810). Durch den Dienst am Hof und durch seine private Sammlung war Birkenstock mit den Künstlern seiner Zeit in Kontakt, so auch mit Antonio Canova.[4]

Nach dem Tod des Vaters (1809) war die inzwischen mit dem Frankfurter Kaufmann Franz Brentano verheiratete Antonie (und damit Schwägerin von Bettina und Clemens Brentano) Erbin dieser Sammlungen, die größtenteils versteigert wurden. Die Prachtausgabe durch Antonie Brentano mag ihre Sympathie für den Vater und Wien zeigen sowie ihren Kunstsinn, der im Netzwerk der Familie Brentano ebenso auf fruchtbaren Boden fiel. Bekannt ist unter anderem ihre vertraute Freundschaft und eventuelle Liebschaft mit Beethoven.[5]

Mit Goethe war sie ebenso im Austausch: Das erwähnte Buch im hier vorgestellten Autograph ließ Antonie ihm 1813 zukommen. Goethe schrieb Fritz Schlosser (4. Januar 1814), dass er das Begleitschreiben von Antonie Brentano zunächst übersehen habe und erst in dem „prächtige[n] Werck" gefunden habe, nachdem es bei Freunden „die Runde" gemacht habe und wieder zu ihm zurückgelangt sei. Im Brief vom 15. Januar 1814 dankt Goethe Antonie auch unmittelbar.[6]

Die annotierte Versteigerungsliste der Buchhandlung Joseph Baer & Co zeigt außerdem, dass auch Canova Birkenstocks Preisgedicht kannte.[7]

---

3 *Monumentum aeternae memoriae Mariae Christinae archiducis Austriae [...]*. Carmen posthumum J. Melchioris Nob. a Birkenstock [...]. Vindobonae 1813 (38 Seiten und mit 6 Kupfertafeln und einer deutschen Übersetzung).

4 Vgl. Thomas Huber-Frischeis, Nina Knieling, Rainer Valenta: *Die Privatbibliothek Kaiser Franz' I. von Österreich 1784–1835. Bibliotheks- und Kulturgeschichte einer fürstlichen Sammlung zwischen Aufklärung und Vormärz*. Wien, Köln, Weimar: Böhlau 2015, S. 327–338.

5 Vgl. Klaus Martin Kopitz: Antonie Brentano in Wien (1809–1812). Neue Quellen zur Problematik „Unsterbliche Geliebte". – In: *Bonner Beethoven-Studien*. 2 (2001), S. 115–144.

6 *Goethes Briefwechsel mit Antonie Brentano. 1814–1821*. Hrsg. von Rudolf Jung. = Schriften des Freien Deutschen Hochstifts in Frankfurt a. M. Bd. 7. Weimar: Böhlau 1896 (Nachdruck: Lang 1970), S. 17–19, Zitate: S. 17.

7 Wie Anm. 1, vgl. 31.

Wien den 23ten November 1814.

Yvonne Pietsch

Die Familienbibliothek der von Arnims – zur Schwierigkeit einer Rekonstruierung des historischen Bestandes zu Ludwig Achim von Arnims Lebzeiten

Die Adelsbibliothek der Familie von Arnim wurde im Mai 1954 nach Weimar in die Herzogliche Bibliothek überführt, nachdem sie 1951 in den Besitz der Akademie der Künste der DDR gelangt war. Mit diesem Ortswechsel wurde sie Bestand der Nationalen Forschungs- und Gedenkstätten der klassischen deutschen Literatur in Weimar.[1] Bis dahin war sie in den Räumen von Gut Wiepersdorf, dem Wohnsitz der Familie von Arnim, aufgestellt. Dem Verdienst von Clara von Arnim ist es zu verdanken, dass die Bibliothek in der Herzogin Anna Amalia Bibliothek verbleiben konnte, indem sie im Jahr 1999 den Antrag auf Rückübertragung des Schlosses Wiepersdorf und der einst dort befindlichen beweglichen Gegenstände zurückzog. Dadurch steht die Bibliothek mit ihrem im wahrsten Sinne des Wortes ‚erlesenen‘ Buchbestand auch heute noch der Forschung zur Verfügung. Zur Familienbibliothek gehören wertvolle Inkunabeln aus dem frühen sechzehnten Jahrhundert, Barock- und Renaissanceliteratur, Annalen und Chroniken, Huldigungsgedichte, theologische, politische Broschüren und medizinische Schriften, Belletristik und Zeitschriften des achtzehnten und neunzehnten Jahrhunderts, Judaica, Musikalien sowie Landkarten. Insgesamt umfasst sie 3839 Titel und damit ca. 6000 Bände aus einem Zeitraum von fast 400 Jahren.[2] Eine Vielzahl der Bücher geht auf die Sammeltätigkeit Ludwig Achim von Arnims zurück, der sich vor allem für alte Bücher aus dem siebzehnten und achtzehnten Jahrhundert interessierte: „ich sammle altdeutsche Sachen, besonders *ältere* Romane und Comödien, aber beides vor 1750“.[3] Nicht nur Clemens Brentano, der

---

1 Sämtliche Bücher tragen einen Stempel, meist auf der Rückseite des Titelblattes, mit dem Besitzvermerk „Nationale / Forschungs- und / Gedenkstätten / in Weimar“.
2 Der *Katalog der Bibliothek Ludwig Achim und Bettina von Arnim Wiepersdorf* geht von einem Bestand von 3500 Bänden aus, „ohne die besonders eingetragenen Broschüren und ohne die französischen und italienischen Romane“ (vgl. Wilk, [Vorwort], in: Werner Wilk und Walther Encke: Katalog der Bibliothek Ludwig Achim und Bettina von Arnim Wiepersdorf. Masch. Wiepersdorf 1929 und (vermehrt und verbessert) 1934, [ohne Seitenzahl]).
3 Arnim an Wilhelm Dorow, 3. Februar 1809, in: Wilhelm Dorow (Hrsg.): *Reminiscenzen: Goethe's Mutter. Nebst Briefen und Aufzeichnungen zur Charakteristik anderer merkwürdiger Männer und Frauen.* Leipzig: Hinrichs 1842, S. 95 (Hervorhebung wie in der Vorlage).

‚Liederbruder' war ihm bei seiner „barocken Sammelwut"[4] behilflich,[5] sondern auch – um nur einige zu nennen – Johann Gerhard Christian Thomas in Frankfurt/Main, Wilhelm Dorow in Königsberg, Erduin Julius Koch in Berlin sowie Jacob und Wilhelm Grimm in Kassel. Im Briefwechsel ist von günstigen Bücherkäufen, von Tausch, Abschriften alter Handschriften sowie von Entleihung[6] die Rede, wobei es ihm stets wichtig war, ein für seine eigenen Belange maßgebliches Buch selbst zu besitzen. So schreibt er an Wilhelm Dorow am 11. Oktober 1809 über Jakob Ayrers Dramensammlung *Opus Theatricum*:

---

4 Dieter Martin: *Barock um 1800. Bearbeitung und Aneignung deutscher Literatur des 17. Jahrhunderts von 1770 bis 1830.* Frankfurt am Main: Vittorio Klostermann 2000, S. 23.
5 Clemens Brentano verfügte über mehr finanzielle Mittel als Arnim und konnte seine Büchersammlung entsprechend erweitern, vgl. Bernhard Gajek (Hrsg.): *Clemens und Christian Brentanos Bibliotheken. Die Versteigerungskataloge von 1819 und 1853.* Mit einem unveröffentlichten Brief Clemens Brentanos. Heidelberg: Winter 1974, S. 14. – Einige Bücher lassen sich in den Bibliotheken beider finden, wobei Arnim wahrscheinlich bei einer Auktion im Jahr 1819 Bücher aus Clemens Brentanos Bibliothek erwarb. Durch die gemeinsame Arbeit an *Des Knaben Wunderhorn* waren sie mit dem Buchbesitz des jeweils anderen gut vertraut (vgl. ebenda, S. 17 sowie Konrad Kratzsch: Die Vorlagen zu Achim von Arnims *Wintergarten* aus den Beständen der Arnim-Bibliothek in der Zentralbibliothek der deutschen Klassik, in: Marginalien. Zeitschrift für Buchkunst und Bibliographie Heft 29 (1968), S. 29–44, hier S. 34; vgl. auch Hans Henning: Bücher aus Brentanos Besitz in der Arnim-Bibliothek, in: *Marginalien. Zeitschrift für Buchkunst und Bibliographie.* Heft 13 (1963), S. 52–53).
6 Zur Entleihung von Büchern aus der Göttinger Universitätsbibliothek aus dem Sommersemester 1800 oder dem Wintersemester 1800/1801 haben sich fünf Bücherleihzettel erhalten, die im Goethe- und Schiller-Archiv (GSA) in Weimar überliefert sind: Arnim, der in dieser Zeit „wohnhaft im Hauß des Conditor Günther in der Prinzenstraße" (GSA Weimar, Sign.: 03/429, Bl. 4) war, lieh sich für die Mitarbeit an den Journalen von Gilbert und Scherer naturwissenschaftliche Literatur aus. Es handelte sich dabei u.a. um folgende Titel: Leopold von Buchs *Versuch einer mineralogischen Beschreibung von Landeck*, Breslau, Hirschberg, Lissa: Johann Friedrich Korn 1797 (auf dem Ausleihschein: „Buch's mineralogische Topographie der Gegend um Landek " [ebenda, Bl. 1], Hermann de la Conrings *De Hermetica Aegyptiorum Vetere Et Paracelsicorum Nova Medicina*, Helmstedt: Richter 1648 („Conring de hermetica Aegyptiorum / Helmstad: 1648 4°" [ebenda, Bl. 2]), Charles-Marie La Condamines *Journal Du Voyage Fait Par Ordre Du Roi, A l'Equateur: Servant D'Introduction Historique A La Mesure Des Trois Premiers Degrés Du Méridien*, Paris: l'Imprimerie Royale 1751 („Voyage de Condamine pour Degres du Meridien". [ebenda, Bl. 3]), Johann Friedrich August Göttlings *Beytrag zur Berichtigung der antiphlogistischen Chemie, auf Versuche gegründet.* Erstes Stück. Weimar: Hoffmann 1794 („Göttling's Beytrag zur Berichtigung der antiphlogistischen Chemie. 1 Heft" [ebenda, Bl. 5]).

„Den Ayrer möchte ich gern kaufen und besitzen, ungeachtet ich ihn von einem Freunde[7] leicht geliehen erhalte".[8]

Bettina von Arnim schenkte ihrem Mann im ersten Ehejahr das *Theatrum Europaeum*[9] zu Weihnachten, das „ein und Zwanzig Folianten"[10] starke Geschichtskompendium zum Dreißigjährigen Krieg, aus dem Arnim zahlreiche Stoffe für seine Werke bezog. Auch andere Autoren der Zeit überführte er in der für ihn typischen intertextuellen Arbeitsweise in neue narrative Zusammenhänge: „Flemming, Opitz, Tscherning, Lohenstein, Logau, Frischlin und die beyden Gryphius liegen mir zu Füssen".[11] schreibt er am 27. Februar 1805 im Kontext seiner Arbeit an *Des Knaben Wunderhorn* an Clemens Brentano. Schon wegen dieser intertextuellen Matrix des Bibliotheksbestandes ist die Arnim-Bibliothek für die Forschung zu Ludwig Achim von Arnim von unschätzbarem Wert, liefert der Katalog der Bücher[12] – neben den in Briefen erwähnten Bucherwerbungen und ihrer Lektüre – doch oft überhaupt die ersten Hinweise auf die dem Arnim' schen Werk zugrundeliegenden Quellen.[13] Trotz dieser belegbar intensiven Beschäftigung mit dem älteren Buchbestand durch Arnim weist die Bibliothek verhältnismäßig geringe Benutzungsspuren

7 Clemens Brentano besaß laut Versteigerungskatalog seiner Bibliothek ebenfalls ein Exemplar, vgl. Gajek (Hrsg.): *Clemens und Christian Brentanos Bibliotheken* (Anm. 5), Nr. 36, S. 7.

8 Dorow (Hrsg.): *Reminiscenzen* (Anm. 3), S. 97.

9 Abelin, Johann Philipp: *Theatrum Europaeum, Oder Außführliche und Warhafftige Beschreibung aller vnd jeder denckwürdiger Geschichten / so sich hin vnd wider in der Welt / fürnämlich aber in Europa / vnd Teutschlanden / so wol im Religion- als Prophan-Wesen / vom Jahr Christi 1617 biß auff das Jahr 1629 exclus. [...] zugetragen haben.* Bd. 1–21. Frankfurt/Main: Merian 1643–1738 (Arnim-Bibl. B 32a–v; auch bei allen folgenden Titeln, die in der Arnim-Bibliothek nachweisbar sind, werden die zugehörigen B-Signaturen mit der Sigle „Arnim-Bibl". mitgeteilt).

10 Arnim an Carl von Savigny, 2. Januar 1812, in: *Arnims Briefe an Savigny 1803–1831. Mit weiteren Quellen als Anhang.* Hrsg. von Heinz Härtl, Weimar: Böhlau 1982, S. 61.

11 Arnim an Brentano am 27. Februar 1805, in: *Freundschaftsbriefe. Achim von Arnim und Clemens Brentano. 1801–1806.* Hrsg. von Hartwig Schultz. Bd. 1. Frankfurt/ Main: Eichborn 1998, S. 267.

12 Eine Bestandsaufnahme der Arnim-Bibliothek wurde 1998 unter der Leitung von Ulfert Ricklefs in Weimar vorgenommen. Die Ergebnisse sind zusammengefasst in drei Bänden, die in der Herzogin Anna Amalia Bibliothek einsehbar und im dortigen OPAC-System verzeichnet sind, vgl. Yvonne Pietsch: *Bestandsaufnahme der Arnim-Bibliothek der Herzogin Anna Amalia Bibliothek.* Weimar 1998. – Eine wichtige Quelle ist auch der Bücher-Katalog von 1929 bzw. 1934, der sich in der Herzogin Anna Amalia Bibliothek erhalten hat: Wilk und Encke: Katalog der Bibliothek (Anm. 2).

13 In einigen Fällen, wie etwa in *Des Knaben Wunderhorn* oder in der Dramensammlung *Schaubühne*, gibt Arnim auch konkrete Hinweise zu den verwendeten Quellen; vgl. z. B. Kratzsch: *Die Vorlagen zu Achim von Arnims Wintergarten* (Anm. 5), S. 35.

auf:[14] In den Büchern sind nur wenige Unterstreichungen oder Randnotizen zu finden, die jedoch nicht von Arnim stammen.[15] Selbst das bei Arnim so beliebte und wahrscheinlich oft zur Hand genommene Buch *Schelmuffskys wahrhaftige, curiöse und sehr gefährliche Reise-Beschreibung zu Wasser und Lande in Zweyen Theilen curiösen Liebhabern vor Augen geleget, und mit Zweyen Lust- und Trauer-Spielen versehen*[16] ist in einem sehr guten Zustand erhalten. Es weist weder Stempel oder Exlibris Arnims noch sonst eine Spur einer intensiven Benutzung auf. In einigen wenigen Fällen ist sogar der Buchblock unbeschnitten.[17] Häufig ist das einzige Indiz für die Provenienz des jeweiligen Buches das gestochene Exlibris Ludwig Achim von Arnims mit dem Wahlspruch „tempora tempore tempera",[18] das er während seiner Berliner Zeit von 1809 bis 1811[19] in neu erworbene Bücher einklebte, sowie der meist auf den Schmutztiteln angebrachte zweizeilige Namensstempel „Ludwig Achim / von Arnim". Eine handschriftliche Widmung, die den im Januar 1831 Verstorbenen nicht mehr erreichte, findet sich in dem Buch von Edouart d'Ault-Dumesnil mit dem Titel *De L'Expédition d'Afrique en 1830*[20]: „A monsieur Louis D'Arnim, delapart de l'auteur [...]".

Besitzvermerke wie Stempel oder Exlibris sind für seine Frau Bettina in der Bibliothek nicht nachweisbar. Dagegen lassen sich zahlreiche Widmungs-

---

14 Schon bei *Achim von Arnim und die ihm nahe standen.* Hrsg. von Reinhold Steig und Herman Grimm, hier: Bd. 1: *Achim von Arnim und Clemens Brentano*, bearb. von Reinhold Steig, Stuttgart u. a.: Cotta 1894, S. 280, aber auch Martin: *Barock um 1800* (Anm. 4), S. 21.

15 Dass dies nicht immer eindeutig feststellbar ist, liegt auf der Hand. Gerade bei Unterstreichungen lässt sich der Urheber nicht bzw. kaum ermitteln, wie etwa bei dem Buch von Johannes Mathesius mit dem Titel *Historien / Von des Ehrwirdigen in Gott Seligen thewren Manns Gottes / Doctoris Martini Luthers / anfang / lehr / leben und sterben [...]*, Nürnberg: Ulrich Neuber 1566 (Arnim-Bibl. B 2232), in dem sich zahlreiche Anstreichungen am Rand mit roter Tinte sowie Eintragungen mit brauner Tinte finden lassen. – Kritzeleien mit Bleistift im hinteren Innenbuchdeckel des Buches *Lebens-Beschreibung Herrn Goetzens von Berlichingen zugenannt mit der eisern Hand mit verschiedenen Anmerkungen erläutert*, 2. verbesserte Auflage. Nürnberg: Felßecker 1775 von Wilhelm Friedrich von Pistorius (Arnim-Bibl. B 376, auf Titelblatt Stempel Arnims) lassen auf die Hand eines Kindes schließen.

16 Frankfurt/Leipzig 1750 (Arnim-Bibl. B 960). – Arnim verwendete den Text auch als Quelle für den Siebten Winterabend in seinem *Wintergarten* und hatte ursprünglich vor, eine neue Edition vorzulegen, die jedoch an der Zensur scheiterte (vgl. dazu auch Martin: Barock um 1800 [Anm. 4], S. 140–150).

17 So etwa bei dem Titel: Preußische Finanzfragen beleuchtet von H. F. L. Augustin, Potsdam 1859 (Signatur in der Arnim-Bibliothek: B 2378).

18 Die Zeitumstände mildern sich mit der Zeit. (Lateinisches Sprichwort.)

19 Das Exlibris enthält neben der Angabe des Namens auch die Berliner Adresse: „Mauerstraße No. 34" – in dieser Straße wohnte zeitgleich auch Heinrich von Kleist 1810/11. Vgl. dazu Abb. 1.

20 Arnim-Bibl. B 522.

Abb. 1: Arnims Exlibris in Satyrus Etymologicus, Oder der
Reformierende und Informierende Rübenzahl von Johannes Practorius (1672), Arnim-Bibl. B 957.

exemplare für Bettina finden, die ihr nach dem Tod ihres Mannes dediziert
wurden.[21] Einzelne Titel lassen sich wiederum anderen Familienmitgliedern
zuordnen: So erhielt etwa Arnims Bruder Carl Ludwig Otto „in classe Lati-
na secunda" als Schulpreis den Band *Caius Suetonius Tranquillus ad optimas
editiones collatus*.[22] Das gestochene Exlibris mit einem großen Antiqua-A,
das gegen einen Baum gelehnt ist, geht wahrscheinlich auch auf den Bruder

---

21 Vgl. hierzu Yvonne Pietsch: Bettina von Arnim als Nutzerin der Familienbibliothek – Spurensuche einer weiblichen Leser- und Sammelleidenschaft. In: *Autorschaft
und Bibliothek*. Göttingen: Wallstein 2018, S. 50–61. In wenigen Einzelfällen sind ihr
Bücher eindeutig zuzuordnen, etwa durch die handschriftliche Eintragung ihres Mäd-
chennamens „Mlle Betine B" durch die Hand Ludwig Tiecks in ein Exemplar seines
Buchs *Franz Sternbalds Wanderungen*. – Bereits Steig weist in diesem Zusammenhang
auf die sich darin ausdrückende freundschaftliche Verbundenheit zwischen Tieck und
Bettina hin (vgl. Steig [Anm. 8], S. 358). Der Namensvermerk findet sich auf der Tite-
lei in beiden Bänden von: *Franz Sternbalds Wanderungen. Eine altdeutsche Geschichte
herausgegeben von Ludwig Tieck*. Erster Theil, Berlin 1798. (Arnim-Bibl. B 1357a). Im
zweiten Teil (B 1357b) ist der Vorname ‚B[etin]e' durch Papierausriss kaum lesbar.
In der Arnim-Bibliothek gibt es ein weiteres Exemplar des zweibändigen Buches (B
1336a–b) ohne Einträge. – Ludwig Achim von Arnim soll mit einem Exemplar von
Franz Sternbalds Wanderungen in der Hand am 21. Januar 1831 gestorben sein – um
welches Exemplar es sich dabei handelte, ist nicht bekannt.
22 Zweibrücken 1783 (Arnim-Bibl. B 490). – Auch Arnim selbst erhielt Schulpreise,
die sich noch in der Bibliothek auffinden lassen, so z. B. 1798 die Titel *Grundlehren
der Hydrostatik oder desjenigen Theiles der Mechanik welcher vom Gleichgewichte des
Wassers, der Luft, und überhaupt aller flüssigen Materien, wie auch von den auf diesem
Gleichgewichte gegründeten Maschinen handelt*. von Abel Burja. Berlin und Libau: bei
Lagarde und Friedrich 1790 (Arnim-Bibl. B 2758) sowie *Grundlehren der Dynamik
oder desjenigen Theiles der Mechanik welcher von den festen Körpern im Zustande der
Bewegung handelt*. von Abel Burja. Berlin: F. T. Lagarde 1791 (Arnim-Bibl. B 2756).

zurück;[23] eine handschriftliche Widmung des Verfassers auf dem Titel von Kurd von Schlözers *Chasot. Zur Geschichte Friedrichs des Großen und seiner Zeit*[24] weist Friedmund von Arnim als Besitzer aus, der handschriftliche Eintrag „Firnhaber Jordis", etwa in Hermann Fürst von Pückler-Muskaus *Briefe eines Verstorbenen* lässt auf Georg Rudolf Christian Firnhaber von Eberstein-Jordis bzw. dessen Frau Claudine geb. Brentano, später verh. von Arnim als Besitzer schließen.[25] Herman Grimms Name ist in *Briefe Goethe's an Sophie von La Roche und Bettina Brentano nebst dichterischen Beilagen, eingetragen.*[26] Die Liste ließe sich mit zahlreichen anderen Beispielen erweitern.

Bei einem näheren Blick auf die Geschichte der Familienbibliothek lässt sich indes kaum rekonstruieren, welche Bücher in der Bibliothek zu Lebzeiten des Ehepaars Arnim aufgestellt waren. Zum einen gibt es einen Überschuss: Die in der Herzogin Anna Amalia Bibliothek aufgestellte familiäre Sammlung enthält eine große Anzahl von französischen und italienischen Romanen aus dem späten neunzehnten Jahrhundert, die durch den Maler Achim von Arnim, dem Enkel Bettinas und Ludwig Achim von Arnims, angeschafft und beigesteuert wurden. Des Weiteren finden sich Titel aus dem zwanzigsten Jahrhundert, darunter Briefeditionen oder literaturwissenschaftliche Abhandlungen zu Ludwig Achim und Bettina von Arnims Werken, die noch später, jedoch ohne Anspruch auf Vollständigkeit, hinzukamen.

Zum anderen haben geschichtliche Ereignisse ihre Spuren hinterlassen, die zu Verlusten von Büchern führten: Reinhold Steig berichtet von einem Brand auf Schloss Wiepersdorf, bei dem eine ungewisse Anzahl von Büchern verbrannte.[27] Von den Erben wurden in Zeiten der Weltwirtschaftskrise im März 1929 große Teile aus dem Nachlass von Bettina und Ludwig Achim von Arnim versteigert, darunter auch Bücher.[28] Das Vorhaben, im selben Jahr die gesamte

---

23 Vgl. Wilk (Anm. 6), [Vorwort], [ohne Seitenzahl].

24 Berlin 1856 (Arnim-Bibl. B 297). – Die Widmung lautet: „Herrn Baron von Arnim / der Verfasser. / Berlin 21/9 56".

25 Bd. 1–2, Stuttgart 1831 (Arnim-Bibl. B 1298a–b). – Der Name ist in beide Bände rechts oben auf dem Schmutztitel notiert.

26 Hrsg. von Gustav von Loeper, Berlin 1879 (Arnim-Bibl. B 1145). – Interessanterweise befinden sich in diesem Exemplar viele mit Bleistift vorgenommene Korrekturen in den Briefen Goethes an Bettina von Arnim (vgl. ebenda, S. 161–197). Ob diese Korrekturen von Grimm stammen, der mit dem Herausgeber des Briefbandes befreundet war, konnte nicht ermittelt werden.

27 Dieser Brand wird genannt bei Steig (Anm. 8), S. 280; auch bei Kratzsch: *Die Vorlagen zu Achim von Arnims Wintergarten* (Anm. 5), S. 34 – in beiden Fällen ohne nähere Hinweise.

28 Am 28. Februar 1929 wurde bei Karl Ernst Henrici *Literarisches und Politisches aus ihrem* [Bettina von Arnims] *handschriftlichen Nachlass, darunter Goethes Briefwechsel mit einem Kinde* versteigert (vgl. Karl Ernst Henrici: Versteigerung 148. *Bettine von Arnim. Literarisches und Politisches aus ihrem handschriftlichen Nachlass, darunter Goethes Briefwechsel mit einem Kinde.* […] Versteigerung: Donnerstag, den 28. Febru-

Familienbibliothek der New York Public Library zu verkaufen, kam glücklicherweise nicht zustande. Aus dieser Zeit ist jedoch ein schreibmaschinengeschriebener Katalog überliefert, der den damaligen Bestand abbildet.[29] Dieser wurde 1934 noch einmal grundlegend überarbeitet und handschriftlich durch Walther Encke, dem Ehemann der Urenkelin Bettina Encke von Arnim, erweitert. Eine durch seine Schwiegermutter Agnes von Arnim „vorgenommene eingehende Durchforschung aller in Wiepersdorf befindlichen Schränke förderte eine grosse Anzahl Bücher zu Tage, die teils als fehlend im Katalog vermerkt, teils als ursprünglicher Bestandteil der Bibliothek anzusprechen waren".[30] Diese Titel wurden von Encke in den Katalog der Bücher von 1929 eingetragen, können im jetzigen Bestand jedoch nicht in allen Fällen nachgewiesen werden. So wurden zum Beispiel alle Handschriften, die in der Sparte „Musik" im Katalog der Bücher aufgelistet sind, wozu auch Partituren, Chor-, Instrumental-, und Klavier-Musik, Musikbroschüren und Notenhefte gehören, (und die damit höchstwahrscheinlich von Bettina gekauft und benutzt worden waren), ausgesondert und finden sich zu großen Teilen heute im Goethe- und Schiller-Archiv in Weimar.[31] Infolge von Plünderungen gingen wertvolle Bücher der Bibliothek verloren, als Schloss Wiepersdorf 1945 für kurze Zeit sowjetische Kommandantur und Unterkunft für Kriegsflüchtlinge war, bis die Familie 1947 enteignet und Wiepersdorf zu einem Erholungsheim für Schriftsteller und Kunstschaffende der DDR umgewandelt wurde.

Die Signaturenfolge und derzeitige Aufstellung der Arnim-Bibliothek liefert leider keinen Hinweis auf die Provenienz. Die Bücher wurden 1955 „in der Ordnung aufgestellt, in der sie auch in Wiepersdorf gestanden hatten".[32] – Die teilweise widersprüchliche Systematik war bereits Werner Wilk 1929 aufgefallen, führte aber nicht zu einer Revision der vorhandenen Ordnung. Neu

---

ar 1929.). – Einen Monat später, am 23. März 1929, kamen Handschriften von Ludwig Achim von Arnim, Clemens Brentano und Bettina von Arnim unter den Hammer (vgl. Karl Ernst Henrici: Versteigerung 149. Arnim und Brentano. Des Knaben Wunderhorn. Handschriftliches aus dem Nachlaß der Bettine v. Arnim. […] Versteigerung: Sonnabend, den 23. März 1929). Zu den versteigerten Büchern gehörten zum Beispiel Druckschriften, die für die Konzeption *Des Knaben Wunderhorn* verwendet wurden (vgl. ebenda, S. 42–43).

29 In der New York Public Library existiert ein Katalog, der mir freundlicherweise von Ulfert Ricklefs in Kopie zur Verfügung gestellt wurde sowie der von Wilk erarbeitete und von Encke ergänzte Katalog, der sich in der Herzogin Anna Amalia Bibliothek in Weimar befindet (vgl. Wilk und Encke: Katalog der Bibliothek [Anm. 2]).

30 Encke: Nachtrag, in: Wilk und Encke: Katalog der Bibliothek (Anm. 2), [ohne Seitenzahl].

31 So etwa „1 Blatt Reichardt, Liebe Hand, dich darf ich drücken. Auf der andern Seite: Der Kaiser flieht vertrieben etc. von B. B". (Wilk und Encke: Katalog der Bibliothek [Anm. 2], S. 69, Nr. 15), heute im GSA Weimar, Sign.: 03/1222,3.

32 Kratzsch: Die Vorlagen zu Achim von Arnims Wintergarten (Anm. 5), S. 35.

aufgefundene Bücher wurden dem Bestand ‚einfach' einverleibt: So ist von
Claudine von Arnim, geborene Brentano, einer Schwiegertochter Bettina und
Ludwig Achim von Arnims, eine (undatierte) Auflistung von 56 Büchertiteln
überliefert. Die Bände waren zuvor „in der großen Kist" aufbewahrt und sind
„nun sämmtlich im Schrank der Bibliothek"[33] eingeordnet worden. Wer die
Besitzerin oder der Besitzer dieser Bücher war, wusste Claudine vermutlich
selbst nicht, da sie die Herkunft offen lässt. Da ein Großteil der Titel mit Er-
scheinungsjahr nach Arnims Tod vorhanden ist, wie etwa Heinrich Dünt-
zers 1850 in erster Auflage erschienenes „Goethes Prometheus u. Pandora"[34],
„Herr v. Arnim Werke"[35] oder Bettina von Arnims *Göthes Briefwechsel mit
einem Kinde*[36] scheidet Ludwig Achim von Arnim als Besitzer der Bücher aus.
Es könnte sich um Titel aus Bettinas Nachlass handeln, um den sich Claudine nach deren Tod auf Schloss Wiepersdorf kümmerte.[37] Unter den Autoren
der aufgelisteten Bücher finden sich einige, die Bettina finanziell oder ideell
unterstützte, wie etwa der Exilungar Carl Mária Benkert (ab 1847 auch unter dem ungarischen Namen Karl Maria Kertbeny), dessen Übersetzung von
„Ungar: Volkslieder von Kertbeny"[38] ebenso zu finden ist wie ein Titel des
deutsch-baltischen Musikschriftstellers Wilhelm von Lenz, der mit Bettina
von Arnim in Briefkontakt stand und dessen *Aus dem Tagebuche eines Liv-
länders*[39] 1850 erschien. Die von Claudine aufgelisteten Titel finden sich heute zwar nahezu vollständig im Bibliotheksbestand wieder, stehen aber nicht
durch eine Signaturenfolge als zusammengehörig gekennzeichnet nebeneinander. Es ist also davon auszugehen, dass die Aufstellung der Bibliothek eher
(wenn auch nicht konsistent) einer chronologisch-thematischen Systemati-
sierung folgt und sich Provenienzen nicht durch die heutige Ordnung der
Bibliothek nachvollziehen lassen.

Arnims Spuren in der Familien-Bibliothek sind vielfältig und zeigen einmal mehr, dass der Charakter der Bibliothek „nicht der einer ausgesproche-
nen Sammlung"[40] mit einem Anspruch auf „Vollständigkeit in bibliophilem

33 GSA Weimar, Sign.: 03/860.
34 GSA Weimar, Sign.: 03/860. – Der vollständige Titel lautet: *Heinrich Düntzer: Goethes Prometheus u. Pandora. Ein Versuch zur Erklärung und Ausdeutung dieser Dichtungen.* Leipzig: Dyk 1850 (Arnim-Bibl. B 1153).
35 Ebenda. – Gemeint sind die von Bettina von Arnim 1839–1856 herausgegebenen
Sämmtlichen Werke Ludwig Achim von Arnims, die sich jedoch nicht mehr im Realbestand der Arnim-Bibl. nachweisen lassen.
36 *Goethes Briefwechsel mit einem Kinde. Seinem Denkmal.* Berlin: Jonas 1837 (Arnim-
Bibl. B 1172).
37 Vgl. Ulrike Landfester: *Selbstsorge als Staatskunst. Bettine von Arnims politisches
Werk.* Würzburg: Königshausen & Neumann 2000, S. 44.
38 GSA Weimar, Sign.: 03/860.
39 Ebenda. Wien: Gerold 1850 (Arnim-Bibl. B 858).
40 Wilk, [Vorwort], in: Wilk und Encke: Katalog der Bibliothek (Anm. 2), [ohne Sei-
tenzahl].

Sinne"[41] ist, sondern die Interessen ihrer Besitzer, den Dialog mit Zeitgenossen (z. B. dokumentiert durch handschriftliche Widmungen in den Büchern, was vor allem für Titel aus dem Besitz Bettina von Arnims gilt), die Teilhabe an Vergangenheit und Gegenwart nachvollziehbar werden lässt. Eine systematische Auswertung der Lektürespuren Ludwig Achim von Arnims in der Bibliothek steht noch aus. Auch ein genauer Abgleich der verschiedenen erhaltenen Bücherlisten und -kataloge mit dem Realbestand der Bibliothek ist in diesem Sinne noch ein Desiderat – im Zuge eines geplanten Supplementbandes im Rahmen der Weimarer Arnim-Ausgabe jedoch wird diesen Fragestellungen ausführlich nachzugehen sein.

---

41 Encke: Nachtrag, in: Wilk und Encke: Katalog der Bibliothek (Anm. 2), [ohne Seitenzahl].

Petra Heymach

„Schloss Wiepersdorf droht das Aus"

Die Geschichte des Hauses und die Diskussion um seine Zukunft

Als am 28.4.2018 in der Märkischen Allgemeinen Zeitung ein Artikel erschien mit dem Titel „Im Künstlerhaus (Schloss Wiepersdorf) geht das Licht aus", war nahezu die gesamte kunstinteressierte Öffentlichkeit in Berlin, Brandenburg und weit darüber hinaus gleichermaßen entsetzt und aufgerüttelt. Sollte damit wirklich das Ende eines der traditionsreichsten Häuser seiner Art besiegelt sein, das in seinen besten Zeiten im gleichen Atemzug wie die Villa Massimo genannt wurde und nach wie vor geprägt ist von dem berühmtesten Paar der deutschen Romantik Achim und Bettina von Arnim? Wer die wechselvolle, bewegte, zweihundertjährige Geschichte des Hauses kennt, das schon ganz andere Krisen wie die jetzige zu bewältigen hatte und das durch alle Zeiten hindurch eng mit der ausübenden Kunst verwoben war, kann diese Meldung nur als finale Bankrotterklärung von Verantwortlichen gegenüber einem Kunst- und Kulturbetrieb empfinden, der – so zu mindestens die Außenwirkung – mit dieser Entscheidung nicht weiter als förderwürdig angesehen wird.

Um die besondere Stellung von Schloss Wiepersdorf für die Region zu erfassen, ist es erforderlich kurz auf die einzigartige und bewegte Geschichte des Hauses und seiner Bewohner einzugehen. Dabei wird für diesen Beitrag derjenige Personenkreis akzentuiert dargestellt werden, der nicht nur eng verbunden war mit dem Anwesen, sondern ganz entscheidend dazu beitragen konnte, die Traditionslinie für Künstler zu begründen (der Dichter Achim von Arnim), zu gestalten (der Maler Achim von Arnim-Bärwalde) und zu bewahren (die Malerin Bettina Encke von Arnim).

Vom Rittergut zum Musensitz, Achim von Arnim und Wiepersdorf

Als im Jahr 1814 der Dichter Achim von Arnim (1781–1831) mit seiner Frau Bettina (geb. Brentano 1785–1859) und den in Berlin geborenen Söhnen Freimund (1812–1863) und Siegmund (1813–1890) das Erbe des Ländchens Bärwalde vor Ort in Wiepersdorf antrat, geschah dies aus ökonomischen Gründen zur Existenzsicherung seiner Familie. Damit erfüllte er die testamentarische Auflage seiner Großmutter Caroline von Labes (1730–1810), die Güter soz. als Vorerbe „zum Besten seiner Kinder" zu bewirtschaften. Noch

im Mai 1815 zieht Arnim an den Freund Wilhelm Grimm ein leicht resignier-
tes Resümee seiner veränderten Lebensplanung:

> Ein größeres öffentliches Leben war mir unerreichlich, ein kleineres Mit-
> laufen gestattet meine Lage nicht, so ist mir die Einsamkeit willkommen
> und das mühsame Erhalten dessen, worauf doch endlich das Ganze mit-
> beruht, verliert seine Verdrießlichkeit.[1]

Der Umzug der Familie nach Wiepersdorf sollte nur für Arnim ein dauerhaf-
ter Lebensmittelpunkt bleiben. Für Bettina, „die wenig Lust an dem Anwesen
verspürte",[2] wurde nach ein paar Jahren der Versuch, mit Arnim das Familienleben auf dem Land zu gestalten, nur noch zu einer vorübergehenden Op-
tion. Sie kehrte mit ihren drei Kindern nach Berlin zurück und verbrachte
einen Teil der Sommermonate bei Arnim in Wiepersdorf oder schickte die
Kinder allein.

Seine ab 1817 größtenteils in Berlin lebende Ehefrau Bettina ließ kaum eine
Gelegenheit aus, ihn an seine Verpflichtung als Poet zu erinnern, die sie im
Gegensatz zu Arnim höher stellte als sein Bemühen, der Familie in Wiepersdorf eine existentielle Grundlage zu sichern. Dieser räumlichen Trennung,
die sich über zwei Jahrzehnte ihres Ehelebens erstreckte, verdanken wir durch
zahlreiche Briefzeugnisse einen authentischen Einblick in die Welt ihrer ehe-
lichen Alltagssorgen aber auch ihrer grundsätzlichen Einstellungen und Hal-
tungen:

> Wenn aber je ein Dichter ein geborener war, so bist Du es [...].[3]
> nur fühle auch recht, was Dein Beruf ist, nämlich Dich in dem Element zu
> bewegen, was die frühesten Regungen Deiner Seele wieder zur Begeisterung
> steigert; so warst Du mein, so hab ich Dich leidenschaftlich geliebt, [...].[4]

In ihrer Phantasie konnte er nur in einer anregenden Großstadt seine schrift-
stellerischen Fähigkeiten ausleben und einen lebendigen Austausch mit den
vielen in Berlin lebenden Freunden und Bekannten aus Kunst, Kultur und
Politik pflegen. Er aber hatte die Herausforderung längst verantwortlich über
die Jahre angenommen und aus der Bewirtschaftung seiner Güter entscheidende Impulse für seine Poesie gezogen. Wiepersdorf war mit allen Facetten,
die das Leben zu bieten hat, zu seinem produktiven Rückzugsort geworden:

> Ich fand dort viel seltsam Volk (in Jüterbog auf dem Markt. Anm. d. Verf.)
> es ließ sich überall etwas Poetisches lernen und ich dachte wie arm die
> Gesellschaften in jeder großen Stadt dagegen ausfallen.[5]

---

1 Achim und Bettina in ihren Briefen: Hrsg. Werner Vordtriede. Frankfurt/Main:
Suhrkamp 1961. Bd. 1, S. 21.
2 Ebenda, S. 31.
3 Ebenda, S. 209.
4 Ebenda, S. 853.
5 Ebenda, S. 147.

[…] wo ich länger und ruhiger gewohnt, ist alles gleich viel besser […] das Dichten als Fertigkeit zu üben […].[6]

Die ländliche Umgebung, die dortige Bevölkerung und das Leben mit der Natur entwickeln sich immer mehr zu seiner Heimat und „Kreativstätte". Er hatte Wiepersdorf trotz schwieriger Umstände als seinen Lebensmittelpunkt angenommen und empfand seine dortige Position als „würdig, einflußreich und belohnend".[7] Natur und körperliche Tätigkeit „verknüpften sich mit der Welt meiner Gedanken […]. Ein Unwohlsein, das mich in Berlin einen Tag umdüstert, ist mit etwas Graben oder mit einem Ritt über Feld verscheucht […]".[8] Wie sehr er seinen körperlichen Einsatz in der Natur mit seinem poetischen Empfinden in Einklang brachte, zeigt anschaulich ein beliebtes Zitat aus einem Brief an seine Ehefrau Bettina:

Wenn ich über dem Dampfe der Braupfanne stehe, daß mir in Dunst und Wohlgeruch die ganze Welt wie im Morgennebel steht, und über die bessere Einrichtung der Flüsse nachdenke, welche diese Brauwelt befruchten, es hat etwas von einem Schöpfer.[9]

Mit seinen Aufsätzen, Stücken, Dramen und auch seinen versierten Überlegungen über Kunst hat Arnim eine außergewöhnliche Vielseitigkeit bewiesen. Bei seinem plötzlichen Tod am 21. Januar 1831 war es vor allen Dingen die Fülle seiner schriftlichen Zeugnisse in Wiepersdorf, die überraschte. In Manuskripten und Fragmenten hat er seine Erkenntnisse und innovativen Ideen in der Zurückgezogenheit seiner ländlichen Erlebniswelt festgehalten. Wiepersdorf war zu Arnims Musensitz geworden.[10]

Nach seinem Tod gelang Bettina in einer Art Verklärung ihre veränderte Einstellung zu Arnim gewohnt rasch, als sie am 1. Februar 1831 an die Brüder Grimm schrieb:

Arnim war so bescheiden, ja so keusch mit seinen Poesien, daß es Pflicht ist, diese Bücher, die er so sehr gehütet, daß er selbst nicht litt, wenn man sie von außen berühren wollte, nur mit dem reinsten kindlichsten Herzen anzuvertrauen.[11]

---

6 Ebenda, S. 115.
7 Ebenda, S. 285; vgl. auch S. 271.
8 Ebenda, S. 285.
9 Brief vom 3. Aug.1818. Vordtriede: S. 135.
10 „Seine in den Zeitschriften verstreuten Essays über Wissenschaft, Pädagogik, Politik, Staat, Recht, Landwirtschaft, Kunst und Kultur geben das Bild eines vielseitig gebildeten Mannes, der über ausgedehnte Kenntnisse auf allen Gebieten verfügte und sein Wissen zielbewußt zu pädagogischen und didaktischen Zwecken einsetzte". Roswitha Burwick: Achim von Arnims Ästhetik. In: *Neue Tendenzen der Arnimforschung.* Hrsg. Bernd Fischer und Roswitha Burwick. New York/Frankfurt/Main: Peter Lang, 1990, S. 98.
11 Vordtriede: S. 930.

Der Maler Achim von Arnim-Bärwalde und die größte bauliche Veränderung

Erst der Enkel von Achim und Bettina von Arnim und einzige Sohn von Freimund, der Maler Achim von Arnim-Bärwalde (1848–1891) war es, der ein architektonisch höchst attraktives Ensemble in Wiepersdorf erschaffte, das gut 100 Jahre später auch touristischen Ansprüchen als Ausflugsziel genügte und dem Ganzen erstmalig den bis heute bestehenden Schlosscharakter verlieh. Auch sein Start ins Leben war alles andere als leicht. Der frühe Verlust der Mutter[12] und die ganz selbstverständlich für ihn vorgesehene Laufbahn eines Gutsherrn nach landwirtschaftlichem und juristisch abgeschlossenem Studium, belasteten ihn sehr. Auch er fühlte sich zu den „schönen Künsten" hingezogen. Sein vorgesehener Lebensweg war jedoch der eines Landwirts als Erbe des Ländchens Bärwalde mit Wiepersdorf. Sein Vater heiratete in zweiter Ehe seine Kusine Claudine.[13] Zu ihr hatte der zart besaitete Junge früh schon ein sehr innigliches, vertrautes Verhältnis entwickelt. Sie war es auch, die ihn bei seinem Berufswunsch unterstützte und gegen den familiären Widerstand verteidigte. So schreibt Achim an seine Stiefmutter Claudine:

> Dies ist nun schon der sechste Brief, den ich anfange, um dir mein Herzens Mütterchen zu sagen […], daß ich endlich die Wahl meines Lebensberufes getroffen habe—daß ich Maler werden möchte! Der Gedanke lebt schon lange in mir aber früher habe ich ihn stets unterdrückt, ich dachte, es sei unmöglich, ja, um die Wahrheit zu sagen, zu schön, als dass er je Wahrheit werden könnte […].[14]

1872 geht Achim nach München, um an der dortigen Kunstakademie bei dem Historienmaler Carl Theodor von Piloty (1826–1886) Malerei zu studieren. Dort befasste er sich bereits mit Änderungsplänen für Wiepersdorf, die er sechs Jahre später verwirklichte. Durch einen Anbau schuf er sich ein geräumiges Atelier, das noch heute zu den schönsten Räumen des Hauses gehört und viele seiner Bilder in Öl oder auch Aquarell zeigt. Die barocke Überformung des Haupthauses auf der Parkseite, eine breit vorgelagerte Terrasse und das abgesenkte Gartenparterre mit Sandsteinfiguren aus der griechisch-römischen Sagenwelt mit einem Jahreszeitenrondell bereicherte er noch um eine halbrunde, neobarocke Orangerie. Seine Inspirationen erhielt er zum großen Teil von seinen zahlreichen Italienaufenthalten. Sein kurzes Leben, er verstarb im 43. Lebensjahr, verhinderten weitere aufwändigere Pläne.

---

12 Anna von Arnim geb. von Baumbach, 1824–1848.
13 Claudine von Arnim,1804–1876, geb. Brentano, verw. Firnhaber-Jordis.
14 Petra Heymach/Ingo Erhart: „Ein Cravaller mit großen Feusten". Dies Buch gehört den Kindern. Beiträge eines Wiepersdorfer Kolloqiums zur Familiengeschichte. Hrsg. Ulrike Landfester und Hartwig Schultz, Berlin: Saint Albin Verlag, S. 510–511.

Die Malerin Bettina Encke von Arnim

Das Schicksal scheint viele Parallelen für die Familie vorgesehen zu haben. Der Lebensweg der Bettina Encke von Arnim[15] ähnelt in seinen Anfängen dem des Malers. Sie wird als älteste Tochter von Agnes von Arnim[16] und Erwin Kühnemund von Arnim[17] auf dem Gut Zernikow in der Uckermark geboren und interessierte sich von früher Kindheit an für die Malerei. Dies so sehr, dass sie den Bruch mit dem Vater riskierte und als junge Frau ins revolutionäre Berlin an die dortige „Malschule des Vereins der Künstlerinnen und Kunstfreundinnen zu Berlin" ging. In Privat-Ateliers ließ sie sich in der Portraitmalerei bei Leo von König (1871–1944) und Johann Walter-Kurau (1869–1932) ausbilden. Vermittelt durch ihren Bruder Friedmund von Arnim[18] lernte sie ihren späteren Ehemann Walther Encke[19] kennen. Der Lebensmittelpunkt der Familie mit zwei Töchtern ist bis 1930 Berlin. Nach dem plötzlichen Tod ihres Ehemannes, der kaum 48 jährig in Berlin Gleisdreieck tot zusammen gebrochen war—er wird auf dem Arnimschen Familienfriedhof begraben—verlegt seine Witwe, Bettina Encke von Arnim, nun ihren Wohnsitz ganz von Berlin nach Wiepersdorf, dem Witwensitz ihrer Mutter Agnes von Arnim. Dort erlebt sie auch am 22. April 1945 den Einmarsch der Roten Armee in Wiepersdorf.

Es ist der Zeitpunkt an dem die Familie den seit Jahrhunderten angestammten Familiensitz verlassen muss, jedoch mit Hilfe eines antifaschistischen Nachweises unter schwierigsten Bedingungen und mehrmaligen Umzügen innerhalb des Dorfes unterkommt.[20]

---

15 1895–1971, geb. Bettina von Arnim.

16 1874–1959, geb. von Baumbach.

17 1862–1928, Enkel von Achim und Bettina von Arnim.

18 1897–1946, letzter Besitzer der Güter Zernikow, Wiepersdorf und Bärwalde.

19 1893–1941, Das Ehepaar Encke etablierte später in der Berliner Aufbruchstimmung im Frühjahr 1932 einen politisch-kulturellen Salon, zu dem sie Gäste der unterschiedlichsten politischen Couleur einluden. „Fast das gesamte politische Spektrum der späteren Weimarer Republik war zuweilen vertreten". Peter Brandt, Axel Kellmann: Walther Encke-ein „radikal-demokratischer" Berliner Polizeioffizier am Ende der Weimarer Republik. In: Der Bär von Berlin. Jahrbuch des Vereins für die Geschichte Berlins. Hrsg. Sibylle Einholz, Jürgen Wetzel,. Berlin/Bonn 1996, S.141.

20 „Dank der Fürsprache des ehemaligen KDP Reichstagsabgeordneten Ivan Katz, den Bettina und Walther Encke in Berlin Mitte der zwanziger Jahre kennengelernt hatten und den Bettina Encke 1943 nach seiner Flucht aus einem Arbeitslager in Wiepersdorf versteckte, wurde der Familie Encke Ihre antifaschistische Haltung bescheinigt und daraufhin im November 1945, 24 Morgen Siedlungsland in Wiepersdorf zugeteilt". Aus Ursula Hahlweg-Elchlepp, Begleitheft: Zur Eröffnung der Ausstellung am 20. August 1993 Schloß Wiepersdorf als Künstlerheim 1945 bis 1993.

Bettina Encke von Arnim und ihr Einsatz für Schloss Wiepersdorf in der Nachkriegszeit

Neben dem Kampf um die Existenz ihrer Restfamilie kümmert sie sich um Schloss Wiepersdorf, aus dem nicht nur wertvolle Gegenstände wie der Schreibtisch der Bettina fortgeschafft werden, sondern der gesamte schriftliche Nachlass und die einzigartige Bibliothek durch Vandalismus und Plünderung aufs Höchste gefährdet sind. Auch wird Schloss Wiepersdorf bereits von Siedlern als Wohnstätte genutzt und das umgebende Land bearbeitet, als Bettina Encke von Arnim sich während einer Versammlung der Siedler als Einzige gegen die Aufteilung des Restgutes entscheidet. Wegen dieses couragierten Votums gerät sie vorübergehend in Haft, nachdem sie von Siedlern bei den Russen denunziert worden war, unter dem Vorwurf, die Familie wolle sich ihren einstigen Besitz auf diese Weise wieder aneignen. Sie hatte im Vorfeld mehrfach in Berlin vorgesprochen, um Interesse an dem Gebäude mit seiner einzigartigen Geschichte zu wecken und die Mitarbeiter der Deutschen Zentralverwaltung für Volksbildung (DVV) für eine Besichtigung nach Wiepersdorf zu locken. Die Entscheidung unter ihrer Teilnahme und Empfehlung, Schloss Wiepersdorf in ein Schriftstellerheim zu verwandeln, fällt vor Ort, nachdem kurzfristige Überlegungen, das Restgut in eine Jungbauernschule oder einen Saatgutbetrieb umzuwandeln, verhindert werden konnten.

Malerin, Bettina Encke von Arnim, Tusche und Kreide, Schloss Wiepersdorf am 07.09.1945, Privatbesitz

Der Übergang vom Familiensitz zum Schriftstellerheim

Es war die **Geburtsstunde eines Künstlerhauses**. Damit war es Bettina Encke von Arnim durch ihren Einsatz geglückt, die Tradition, ganz nach den Vorgaben ihrer Urgroßeltern, zu wahren und den seit 1780 angestammten Familiensitz in ein Schriftstellerheim zu überführen. Iwan Katz' Empfehlung, das Haus nunmehr eng mit dem Namen Bettina von Arnims zu verbinden, erwies sich als taktisch kluges und gewichtiges Argument in der damaligen SBZ (Sowjetischen Besatzungszone). Bettina Encke von Arnim hatte damit nicht nur das von Abriss bedrohte Gut erhalten können, sondern es mit einem erheblichen Aufwand und Einsatz im engen Kontakt zur DVV einer traditionsgebundenen Bestimmung zugeführt. Dies verpflichtete die Verantwortlichen darüber hinaus den Erhalt und die sachgemäße, weitere Pflege mit einzubinden. Die Maßnahmen deckten sich mit den Absichten der SMAD (Sowjetische Militäradministration).

Die Schriftsteller hingegen taten sich damals schwer vor Ort mit ihrer Unterstützerin. Der Dank und eine Entschuldigung für ihre „Unannehmlichkeiten", wie sie die Zeit der Haft selbst verharmlosend nannte, blieb aus. Zum Teil schlug ihr sogar eine feindselige Haltung nach dem überstandenen Aufenthalt im Gefängnis entgegen, da einige Siedler zwischenzeitlich schon die Ernte auf dem Gut eingefahren hatten.[21] Am 16. Juli 1946 wurde eine deutsche Dichterstiftung gegründet, deren Zweck nach § 2 der Stiftungsurkunde sein sollte: „Dichtern und Schriftstellern, deren künstlerische Leistung eine Förderung verdient, auf vorübergehende Zeit eine Stätte zu ungestörter und sorgenfreier Arbeit zu bieten".[22]

Bettina Encke von Arnim hatte sich bemüht, die umfangreiche und wertvolle Bibliothek nach Berlin in die Ratsbibliothek zu überführen.[23] Letztlich scheiterte dieser Versuch an einer fehlenden Verfügungsberechtigung. Erst im Oktober 1951 gelang diese Transaktion unter der Leitung von Gertrud Meyer-Hepner (1888–1965), nachdem der niederländische Schriftsteller Nico Rost (Nicolaas Rost; 1896–1967) nach einer Bestandsaufnahme vor Ort dringend für die Sicherung des Kulturerbes plädiert hatte. Im September 1947 wird Bettina Encke von Arnim mit ihrer „Restfamilie" als Angehörige einer Gutsbesitzerfamilie gemäß Befehl Nr. 60/80 der SMAD endgültig aus Wiepersdorf ausgewiesen.

---

21 „Nachdem ich leider alles getan hatte, um die Schriftsteller hierherzuziehen, in der Annahme, daß sie am besten das literarische Erbe verwalten würden, ist seit Ihrer Besitzübernahme nichts geschehen, um die Bibliothek und die Schriften sicherzustellen. Uns wurde der Zutritt zu Schloß und Park verwehrt, hingegen gingen alle möglichen Unberufenen aus und ein". Brief vom 28.1.1947 Bettina Encke von Arnim an den Literaturwissenschaftler Werner Milch, Heymach Privatarchiv.
22 Sibylle Badstübner-Gröger. Hrsg. Ingo Erhart, Petra Heymach. Wiepersdorf, Landkreis Teltow-Fläming. Heft 144 der Reihe Schlösser und Gärten der Mark. 3. aktualisierte Aufl., Berlin 2015, S.12.
23 Vgl. Brief an Werner Milch.

Chronologie der DDR-Zeit
Von der „Arbeitsstätte für Geistesschaffende" zum „Bettina von Arnim Heim"

Am 20. Oktober 1948 wird Schloss Wiepersdorf unter treuhänderische Verwaltung gestellt. „Die Deutsche Dichterstiftung e.V". wird 1950 aufgelöst, nachdem die künstlerischen Berufsverbände in den FDGB übernommen wurden.[24] Ein Aufenthaltsrecht in der „Arbeitsstätte für Geistesschaffende", wie das Haus nun offiziell bis 1965 heißt, erwarben diejenigen Künstler, die einem dieser Berufsverbände angehörten. Ab 1965 bis 1990 fand eine illustre Reihe unterschiedlichster Kulturschaffender wie Maler, Musiker, Kulturpolitiker, Verleger und Schriftsteller für ihre Arbeit, Ruhe, Kommunikation, ja sogar offiziell die im späteren Namen enthaltene Erlaubnis zur Erholung in der „Arbeits- und Erholungsstätte der Intelligenz".

Das Haus wurde erst ab 1965 offiziell unter der Bezeichnung „Bettina von Arnim-Heim" geführt, war aber bereits in seinen Anfängen als Schriftstellerheim bis 1990 und als Künstlerhaus ausschließlich nur mit ihrem Namen eng verbunden, wie von Iwan Katz ursprünglich initiiert. Dieser für den Beginn so zweckdienliche „Etikettenschwindel" als Heim der Bettina von Arnim, verhilft dem gesamten Ort bis auf den heutigen Tag, seine Attraktivität zusätzlich zu unterstreichen.

40 Jahre DDR-Zeit waren geprägt von einer Kulturpolitik, die sich zwischen Repression und Lockerung bewegte. Das Haus selbst stand wohl in dieser Zeit nicht auf dem Prüfstand, vielmehr war es nach einem äußerst mühsamen Start zu einem repräsentativen Anwesen avanciert mit dem man sich gerne schmückte. Dafür wurde der Auftrag, es möglichst in neuem Gewand zu erhalten, sehr ernst genommen. Die letzte große restauratorische Maßnahme vor der Wende begann im Jahr 1974 und zog sich bis 1980 hin (bei dem Park sogar noch bis 1988). Hier begann sich der Unmut einiger Bewohner zu rühren. Sie fürchteten, die sogenannten „Bonzen" könnten sich nunmehr in neu hergestellten Suiten auf Dauer einnisten und ihnen das beliebtere Haupthaus verwehren. Auch im Innern vollzog sich eine starke Veränderung, dort entstand ein Stilmix aus angekauften Möbeln; die Originale aus der Familienära wurden noch bis 1988 gegen Devisen eingetauscht.

Eine gewisse Lockerung erfolgte durch die Glasnost und Perestroika-Politik der Gorbatschow-Ära. Zuvor war diese Lockerung bereits an der Tatsache abzulesen, dass im Januar 1981 erstmalig auch Arnim vor Ort durch den Ministerrat geehrt werden konnte. Damit kehrte auch der einstmals so „verhasste Junker" vorsichtig an seine Wirkungsstätte zurück. Über vier Jahrzehnte

---

24 Der FDGB, (Freier Deutscher Gewerkschaftsbund) war innerhalb der DDR eine Dachorganisation für 16 Einzelgewerkschaften.

DDR-Zeit wurde Schloss Wiepersdorf „als auffallende Ausnahme"[25] zwischen all den heruntergekommenen Herrensitzen erhalten, wie das Magazin, Der Spiegel, in einem sehr lesenswerten Artikel schon 1991 lobend erwähnte und was hier im Ergebnis nicht geschmälert werden sollte.[26]

Vom Bettina von Arnim-Heim zum Künstlerhaus Schloss – Wiepersdorf

Unmittelbar nach der Wende, 1990, stand Schloss Wiepersdorf mit seiner künftigen Ausrichtung erneut zur Disposition. Eine Weiterführung als Künstlerhaus war damals aus ähnlichen Gründen so gefährdet wie das heute wieder der Fall ist. Für den neu gegründeten „Freundeskreis Schlösser und Gärten" lautete die bevorstehende Aufgabe: „Schacher verhindern, Mäzene mobilisieren und eine angemessene Nutzung für die historischen Bauwerke finden".[27]
In einer knapp zwei Jahre währenden Übergangszeit warb das Haus offiziell mit „Fremdenzimmern" und bot die nostalgisch eingerichteten Suiten an, eben auch für jene, die an einer Zweckentfremdung als Golf- oder Bespaßungsareal des ehemaligen „Bettina-Heimes" interessiert waren. Damals gelang es letztendlich, das Haus als „Künstlerhaus Schloss Wiepersdorf" für Stipendiaten aller Künstlergenres, unter neuer Leitung und nach aufwändigen Modernisierungen mit westlichem Standard 1992 neu zu eröffnen. Neuer Träger von Schloss Wiepersdorf wurde die „Stiftung Kulturfonds", die damit die Rechtsnachfolge des „DDR-Kulturfonds" antrat.
Bis 2004 wurstelte man sich durch. Die Unsicherheit, die sich besonders bei dem Personal bemerkbar machte, nahm mit den Jahren, in denen die Gelder sichtbar knapper eingesetzt wurden, zu. Die FAZ titelte am 21.06.2018 aktuell und dennoch alle Zeiten umspannend die neue Situation als „Dauerkrise eines deutschen Sehnsuchtsorts".[28] Ende 2005 hat sich letztlich die Deutsche Stiftung Denkmalschutz wegen der besonderen Bedeutung des Schlosses und seiner langjährigen Tradition entschlossen, das Haus zu übernehmen, mit der Unterstützung des Landes Brandenburg und der Verpflichtung es kulturell

---

25 „Nur das Herrenhaus von Wiepersdorf machte eine auffallende Ausnahme in all den Jahren, schmuck und besser in Schuß denn je". In: Nachrichtenmagazin DER SPIEGEL, Nr. 23, 1991. Artikel vom 03.6.1991„Rettung für märkische Schlösser", S. 236.
26 In einem Leserbrief, den der Spiegel in einer späteren Ausgabe unter dem Titel „Unermüdliche Urenkelin" abdruckte, konnten die Verdienste Bettina Encke von Arnims um Schloss Wiepersdorf als ein wesentlicher Hinweis ausreichend dargestellt werden. (Vgl. Ausgabe Nr.26, 1991 S. 12–13.)
27 Vgl. 19: Der Spiegel: Nr.23/1991, S. 236.
28 Ebenda, „Das Haus sei in Gefahr, weil sich sein Träger „in Liquidation befindet". Das war am 5. April 2004 […] und die Liste der Unterzeichner enthielt Namen wie Christa Wolf, Martin Walser, Günter Grass, Sarah Kirsch, Günter Kunert und Volker Braun.

zu nutzen.[29] Brandenburg war bisher nicht durch übertriebenes Engagement aufgefallen und augenscheinlich froh, die Verantwortung damals an die DSD abgeben zu können, die damit aus ihrem üblichen, eng gesteckten Rahmen heraustrat.[30]

Die dauerhafte Niedrigzinspolitik machte eine kulturelle Weiterführung für die DSD, die sich nur aus dem brandenburgischen Kapitalstock generiert, unmöglich. Die DSD war satzungsgemäß gehalten, eine langfristige Lösung herbeizuführen, in dem sie einen neuen Betreiber/ Nachfolger suchte. Ihrer Kernaufgabe, Bauten jeglicher Art zu sanieren, will sie noch für die Dauer eines Jahres auf Schloss Wiepersdorf gerecht werden. In diesem Jahr muss er gefunden werden, der Neue oder die Neue, in Gestalt eines Mäzens, Gesellschafters oder einer Stiftung, so das in die Pflicht genommene Land Brandenburg unter Leitung der Kulturministerin Martina Münch, das unter dem Druck einer engagierten Öffentlichkeit zwar vorerst nachgegeben und am 14.6.2018 eine Entwarnung herausgegeben hat, indem es für den Unterhalt und die Weiterführung des Hauses als Künstlerhaus eine jährliche Finanzspritze von 600 000–720 000 € zusichert.[31] Das öffentliche Interesse an einem neu gestalteten Kunst und Kulturbetriebes in Wiepersdorf, der erst 2020 erneut seine Tore für Künstlerstipendiaten öffnen will, ist zur Zeit noch relativ hoch.

Warum aber der Betrieb erst ein ganzes Jahr geschlossen werden musste, auf diese berechtigte Frage erhielten die Stipendiaten bei einer Veranstaltung am 25. Juni 2018 im Brechthaus in Berlin keine befriedigende Antwort. Ein Jahr, in dem die Politik in ihrer momentanen Schnelllebigkeit möglicherweise. andere Projekte zu favorisieren hat und die Verantwortlichen wieder ausgewechselt sind. So gesehen ist nur ein kurzes, kritisches Aufatmen angesagt, indem es gelingen muss, das Haus innerhalb der Sanierungszeit im Gespräch zu halten.

Auch das seit 1992 bestehende Museum, das durch Initiative von Clara von Arnim (1909–2009), der Witwe des letzten Besitzers Friedmund von Arnim in Verbindung mit dem Freien Deutschen Hochstift gegründet worden war, soll neu konzipiert werden. Der Austausch darüber findet bereits statt. Es wäre zu wünschen, dass bei dieser Neukonzeption die eingangs erwähnten Familienmitglieder, die die Weichen für den Nachruhm und den Erhalt des Hauses gestellt haben, dort ihren dauerhaft gebührenden Platz erhalten.

---

29 Vgl. die Website des Künstlerhauses Schloss Wiepersdorf.
30 Der ehemalige Geschäftsführer der DSD, Dr. Wolfgang Illert, brachte es schon am 10.12.2013 in einer Begrüßungsrede für einen Stipendiatenabend im Podewil in Berlin auf den Punkt: „Wiepersdorf ist uns nicht nur lieb sondern auch teuer!"
31 „Die Brandenburgische Landesregierung will das Künstlerhaus Schloss Wiepersdorf erhalten". so die Meldung des Kulturradio vom 14.6.2018.

Fazit

Es sollte mit diesem Beitrag aufgezeigt werden, welche immensen Schwierigkeiten sich immer wieder bei der Weiterführung des Hauses ergaben, zu fast allen Zeiten, durch alle politisch und soziokulturell einschneidenden Veränderungen hindurch. Schon zu Familienzeiten erwies sich der künstlerische Aspekt als tragende Säule mit ungewöhnlich intensiver Ausprägung. Die besondere Vorliebe für ein künstlerisch und kulturell geprägtes Leben schien durch die Jahrhunderte mit dem Anwesen eine besonders enge Verbindung eingegangen zu sein. Es galt, die Spuren der Menschen aufzuzeigen, die hier ihren sichtbaren, wie einflussreichen Abdruck hinterlassen haben, deren Erbe anzutreten als Verpflichtung zur Weiterführung anzusehen ist, in einem Haus von Künstlern für Künstler.

Durch nahezu alle Zeiten erwies sich das umkämpfte, ehemalige Gut auch als wichtige Nische für eine kunstausübende Spezies, die diesen abgeschiedenen Ort als ihre Kreativstätte, Idylle, Rückzug, Refugium, Inspiration und Austausch mit Gleichgesinnten empfand. Die wie einst Arnim dort auch das „Dichten als Fertigkeit üben" konnten und „überall etwas Poetisches lernen". Daraus lässt sich der Anspruch ableiten, den Kunstausübenden (Stipendiaten) weiterhin den unterstützten Freiraum zu ermöglichen, der ihnen ganz besonders in einer pluralistischen Gesellschaft zustehen sollte. Eine Gesellschaft, die sich die Subvention eines Kulturbetriebes sowohl ideell als auch finanziell leisten können sollte. Die intensive Beschäftigung mit der Historie dieses Künstlerhauses lässt keine andere Ausrichtung zu!

Alles geschieht in der Welt der Poesie wegen, die Geschichte ist der allgemeinste Ausdruck dafür, das Schicksal führt das große Schauspiel auf [...].[32]

---

32 Arnim an Clemens Brentano, 9. Juli 1802. Achim von Arnim, Clemens Brentano, Freundschaftsbriefe 1. vollst. kritische Edition. Hartwig Schultz. Frankfurt a. M: Eichborn Verlag 1998, S. 21.

Roger Paulin: *August Wilhelm Schlegel. Biografie.* **Autorisierte Übersetzung aus dem Englischen von Philipp Multhaupt.** Paderborn: Ferdinand Schöningh 2017. 370 Seiten, 49,90 Euro

„Ihre Zeitung habe ich wie ein wahrer Einsiedler gelesen, und vieles darin gefunden was mir werth war"[1], antwortet im August 1808 August Wilhelm Schlegel an L. Achim von Arnim auf dessen Zusendung der *Zeitung für Einsiedler*. In demselben Brief zeigt sich Schlegel an Texten von Joseph Görres interessiert, die er in Arnims Zeitung kennengelernt hat. Diese Zeilen schreibt er in Coppet, also in dem schweizerischen Ort, wo Madame de Staël für einige Jahre ein geistiges Zentrum des intellektuellen europäischen Austausches schuf: eine wesentliche Zeit in Schlegels Biographie.

August Wilhelm Schlegel (1767–1845) offenbart sich hier einmal mehr als gelehrter Akteur des Kultur- und Geisteslebens seiner Zeit, der in ganz Europa vernetzt und zuhause war. Fragt man jedoch, auf welchen Punkt man eigentlich Leben und Werk August Wilhelms Schlegels in der Gesamtschau zuspitzen kann, fällt die Antwort schwer. Heinrich Heines Schmähungen (*Die romantische Schule*) und die größere Aufmerksamkeit für den Bruder Friedrich haben die Rezeption lange geprägt und die des vermeintlich weniger originellen August Wilhelm verstellt.

Das notwendige Fundament für eine wissenschaftliche Neubewertung und Neubeschäftigung mit August Wilhelm Schlegel hat nun Roger Paulin (University of Cambridge) durch die erste umfassende Biographie gelegt. Zunächst 2016 in englischer Sprache, 2017 in einer autorisierten Übersetzung auf Deutsch erschienen, erschließt Paulins Buch August Wilhelm Schlegel passend zu dessen 250. Geburtstag in ungekannter Weise.[2]

Der Autor führt die Frage vor Augen, wie mit dem Philologen, Shakespeare-Übersetzer, Literaturkritiker, Dichter, Herausgeber u.v.m. überhaupt umzugehen sei: „Seine Biografietauglichkeit ist schwer zu bestimmen: Zu viele

---

1 Digitale Edition der Korrespondenz August Wilhelm Schlegels [15.01.2018]; August Wilhelm von Schlegel an Achim von Arnim; 12.08.1808; URL: http://august-wilhelm-schlegel.de/briefedigital/briefid/554; Datum des Zugriffs: 27.02.2018.
2 Paulins Werk ist bereits Bezugspunkt in aktuellen, einschlägigen Buchveröffentlichungen: Jochen Strobel: *August Wilhelm Schlegel. Romantiker und Kosmopolit.* Darmstadt: Theiss/WBG 2017; Claudia Bamberg & Cornelia Ilbrig (Hrsg.): *Aufbruch ins romantische Universum. August Wilhelm Schlegel.* Ausstellung im Freien Deutschen Hochstift – Frankfurter Goethe-Museum. 6. September bis 12. November 2017. Göttingen: Göttinger Verlag der Kunst 2017.

Aspekte seiner geistigen Tätigkeit und seines Lebenslaufs sind ungeklärt und nicht genügend erforscht". (11) Paulins Intention, aufgrund intensiver Quellenarbeit eine Biographie zu schreiben, bleibt nicht bei dem Wunsch stehen, Schlegel zu rehabilitieren. Denn er will Schlegel als bedeutenden Intellektuellen Europas erschließen und sichtbar werden lassen, ohne Biographie und Persönlichkeit zu glätten und zu vereinfachen, ein Unterfangen, das zweifellos gelingt.

Auf 370 Buchseiten[3] führt Paulin den Leser an der Seite von Schlegel durch die Geschichte: vom *vorrevolutionären* Absolutismus in Hannover bis zum preußischen Bonn. Dazwischen liegen zahlreiche Lebensstationen. Paulins umfangreichste Hauptkapitel zeugen davon: „Jena und Berlin (1795–1804)", „Die Jahre mit Madame de Staël (1804–1817)" und „Bonn und Indien (1818–1845)". Drei Spotlights vermögen einen Einblick geben:

1. Die Biografie macht die gelehrten Zirkel der Zeit lebendig, zeigt Zusammenhänge und offenbart, in welchen Kontexten Beiträge für Zeitschriften wie *Die Horen* oder die *Allgemeine Literatur-Zeitung* entstehen. Stets ist August Wilhelm Schlegel einer der Protagonisten, der sich etwa in Jena ins Spiel zu bringen wusste, um seine Vorstellungen über Poesie und Sprache zu platzieren. Das Kapitel zur Jenaer und Berliner Zeit wird so zu einem fundierten Einblick in die literarischen und zwischenmenschlichen Wechselspiele.

2. Ein paar Jahre später – Schlegel hatte inzwischen die schillernde Persönlichkeit Madame de Staël in Berlin kennengelernt und sich ihrem Kreis angeschlossen, freilich in auskömmlicher Anstellung – führten ein Aufenthalt in Wien und einiges Bemühen zu den öffentlichen Vorlesungen *Ueber dramatische Kunst und Litteratur*, die die Wiener Gesellschaft aufmerksam besuchte, selbst Metternich war einer seiner Hörer. Seine Berliner Vorlesungen hatten eine immense Stoffdichte, in Wien ging es besonders um die Einordnung: „Niemand hatte Antike und Moderne, Klassik und Romantik, jemals in vergleichbarer Weise einander gegenübergestellt", fasst der Biograf Paulin zusammen (197).

3. Man muss sich schließlich die völlig anderen Lebensumstände Schlegels als Professor in Bonn vorstellen, die wiederum zum Ort hoher Produktivität und Innovation wurden. Preußen wollte im Rheinland wieder eine Universität gründen, entschied sich schließlich für Bonn und das leerstehende Schloss als geeigneten Ort. Der berühmte Schlegel wurde angeworben und die Bonner Universität konnte sich mit der Berliner durchaus messen. Schlegels universale Breite in der Lehre fußte auf den Erfahrungen in Jena, Berlin und

---

3 Mit ausführlicher Bibliographie und Register.

Wien, seine Lehre und Forschung zu Indien und dem Sanskrit kamen hinzu und waren wegweisend für eine neue akademische Disziplin.

Paulin betont schließlich, wie wenig die *Sämmtlichen Werke* von Eduard Bö-cking (1846f.) dem komplexen Werk August Wilhelm Schlegels insgesamt gerecht werden. Auch würdigt man den Übersetzer in Deutschland noch nicht angemessen: Die übliche Schlegel-Tieck-Ausgabe der Übersetzung des Werkes von Shakespeare stellt sich doch in Teilen als wenig gelungene Fremd-bearbeitung der ursprünglichen Schlegel-Übersetzung da, die auch Schlegel selbst missfiel, die er aber nicht mehr wirksam ändern konnte: „Wenn man nämlich Shakespeare nach Schlegel zitieren möchte, so muss man auf Ungers Originale und Reimers Nachdrucke zurückgreifen. Seit 1823 hat es keine voll-ständige Neuauflage von Schlegels Text mehr gegeben, und das ist zweifellos eine nationale Blamage". (321)

Es ist das Verdienst Roger Paulins, nicht nur auf Editions- und Forschungs-defizite hinzuweisen, sondern sie oft auch selbst beseitigt und das neue Stan-dardwerk geschaffen zu haben.

Norbert Wichard

Bibliographie

Walter Pape
Gert Theile

Ludwig Achim von Arnim-Bibliographie 2014–2016

Das vorliegende Verzeichnis der Schriften von und über Ludwig Achim von Arnim folgt in seiner Einteilung den Arnim-Bibliographien 2007–2013, abgedruckt in der Neuen Zeitung für Einsiedler [nachfolgend zitiert: NZfE] der Jahrgänge 8/9 (2010) bis 12/13 (2014).
Ebenso wie die vorigen Folgen verzeichnet die Fortsetzung der Achim von Arnim-Bibliographie keine separaten e-books. Diese werden von wissenschaftlichen Bibliotheken in der Regel nicht sammlungsorientiert erworben und daher auch in anderen gängigen Bibliographien nicht verzeichnet, zumal die jetzigen e-books systemgebunden und untereinander nicht kompatibel sind.
Weiterhin wird auf die Verzeichnung von „Book on Demand"-Primärliteratur verzichtet, da die in dieser Form offerierten Titel von den Bibliotheken nur in Ausnahmefällen angeschafft werden. „On Demand"-Titel der Sekundärliteratur dagegen werden berücksichtigt, da hier von einem (wissenschaftlichen) Autorinteresse auszugehen ist, und sie von Bibliotheken aus diesem Grund auch erworben werden.
Hinweise und Ergänzungen zur vorliegenden Bibliographie werden direkt an die Bearbeiter erbeten.

2014

Bibliographie

Theile, Gert: Achim von Arnim-Bibliographie 2012–2013. – In: NZfE 2012/2013 (2014), S. 203–216.

Primärliteratur

Arnim, Achim von: Amor der Tintenjunge. – In: Renate Moering: Amor der Tintenjunge. Ein Liebesgedicht Achim von Arnims für Friederike Reichardt. – In: NZfE 2012/2013 (2014), S. 10–18, hier S. 15–17.
Abdruck der Hs mit Abbildungen (S. 10, 16).

Arnim, Achim von: Der Mensch ist bald vergessen / Einerlei. – In: Lukas Moritz (Hrsg.): Die schönsten deutschen Gedichte. Köln: Anaconda 2014, S. 278.

Arnim, Ludwig Achim von Arnim: Halle und Jerusalem. Studentenspiel und Pilgerabentheuer. Hrsg. u. mit einem Nachwort v. Armin Schlechter. Heidelberg: Winter 2014 (Carl-Winter-Universitätsverlag; Jahresgabe 2013/2014).

Arnim, Ludwig Achim von: Werke und Briefwechsel. Historisch-kritische Ausgabe. In Zusammenarbeit mit der Klassik Stiftung Weimar. Hrsg. von Roswitha Burwick, Lothar Ehrlich, Heinz Härtl, Renate Moering, Ulfert Ricklefs und Christof Wingertszahn. Bd. 6: Zeitung für Einsiedler. Fiktive Briefe für die Zeitung für Einsiedler. Hrsg. von Renate Moering. Teil 1: Text. Teil 2: Kommentar. Berlin, Boston: de Gruyter 2014.

Arnim, Ludwig Achim von Arnim: 14 unbekannte Briefe Ludwig Achim von Arnims an das Verlagshaus Brockhaus in Leipzig aus dem Zeitraum zwischen 23. November 1812 und 27. Dezember 1830 im Kontext ihrer Bezugs-und Antwortbriefe. Hrsg. von Yvonne Pietsch, Ursula Härtl – In: NZfE 2012/2013 (2014), S. 105–138.
Mit Abb., S. 133–138, und Erläuterungen zu den Briefen, S. 139–156.

Elektronische Ressource

Arnim, Achim von: Sechs Novellen. Vorgelesen von Hans Joachim Schmidt. Papenburg (Ems): Vorleser-Schmidt-Hörbuchverlag [2014]. 2 CDs (MP 3). 1. Aufl. Wien: hoerbuch.cc 2007.

Memoirenliteratur

Arnim, Peter Anton von: Die Familien von Arnim und Zernikow. – In: Horst F. W. Stukenberg u. Mouhamadou M. Sow (Hrsg.): Peter Anton von Arnim. Ein biographisches Lesebuch. Erinnerungen an den Privatgelehrten und Islamwissenschaftler. Regensburg: Roderer 2014, S. 8–26.

Petzold, Lothar: „Diese treffliche Einsamkeit macht mich glücklich". Eine Reise in die deutsche Romantik. Borsdorf: Ed. Winterwork 2014.
Darin zahlreiche Bezüge zu Achim und Bettina von Arnim.

Sekundärliteratur

Arnim, Peter Anton von: Der junge Achim von Arnim als Naturwissenschaftler und seine Beziehungen zu Alexander von Humboldt [2002]. – In: Horst F. W. Stukenberg u. Mouhamadou M. Sow (Hrsg.): Peter Anton von Arnim. Ein biographisches Lesebuch. Erinnerungen an den Privatgelehrten und Islamwissenschaftler. Regensburg: Roderer 2014, S. 27–39.

Barth, Johannes: Materialität und Werkgenese: Achim von Arnims „Die Päpstin Johanna". – In: Wolfgang Lukas (Hrsg.): Text – Material – Medium: Zur Relevanz editorischer Dokumentationen für die literaturwissenschaftliche Interpretation. Berlin [u.a.]: de Gruyter 2014, S. 95–105.

Bies, Michael: Grenzen der Anglophilie. Charles Gore und der englische Lord in Goethes *Wahlverwandtschaften*. – In: Uwe Ziegler u. Horst Carl (Hrsg.): „In unserer Liebe nicht glücklich". Kultureller Austausch zwischen Großbritannien und Deutschland. 1770–1840. Göttingen, Bristol: Vandenhoeck & Ruprecht 2014 (Veröffentlichungen des Instituts für Europäische Geschichte Mainz/ Supplement. 102), S. 91–110.
Darin zu Arnims Erzählung *Metamorphosen der Gesellschaft*, S. 91f.

Brandes, Georg: Gottfried Christoph Bereis. Sein Leben und Anekdoten. Berlin: epubli 2014.
Darin über Bereis und Arnims fiktive Verarbeitung der Person, S. 92.

Burwick, Roswitha: „Es kommen jetzt so schöne Farben auf": Arnims Spiel mit Licht und Farbe in „Die drei liebreichen Schwestern und der glückliche Färber". – In: Walter Pape (Hrsg.): Die Farben der Romantik. Physik und Psychologie, Kunst und Literatur. Berlin, Boston: de Gruyter 2014 (Schriften der Internationalen Arnim-Gesellschaft. 10), S. 145–160.

Campe, Rüdiger: Vor dem Bild: Clemens Brentanos, Achim von Arnims und Heinrich von Kleists Empfindungen vor Friedrichs Seelandschaft. – In: Sprechen über Bilder Sprechen in Bildern: Studien zum Wechselverhältnis von Bild und Sprache. Berlin: Deutscher Kunstverlag 2014, S. 51–71.

Doetsch, Marina: „Einerseits die Kriegserklärung an das philisterhafte Publikum, andrerseits eine Probe- und Musterkarte der neuen Bestrebungen" – (warum) scheiterte Arnims „Zeitung für Einsiedler"? – In: Nicola Kaminski, Nora Ramtke, Carsten Zelle (Hrsg.): Zeitschriftenliteratur, Fortsetzungsliteratur. Hannover: Wehrhahn 2014, S. 111–128.

Ehrlich, Lothar: „mit Farben bunt geschmückt" und „Ew'ger Liebe hohes Licht". Farbsymbolik in Arnims Drama „Halle und Jerusalem". – In: Walter Pape (Hrsg.): Die Farben der Romantik. Physik und Psychologie, Kunst und Literatur. Berlin, Boston: de Gruyter 2014 (Schriften der Internationalen Arnim-Gesellschaft. 10), S. 137–144.

Gaal, Hannelore: Kaleidoskop des Wahnsinns. E. T. A. Hoffmanns Werdegang als Dichter psychopathologischer Phänomene. Karlsruhe, Univ. Diss. 2014. S. 208–213: 5. 5. Der romantische Wahnsinn: 5.6 Alles geschieht in der Welt der Poesie wegen: Achim von Arnim.

Gajek, Bernhard: Romantik in Regensburg: Achim von Arnim, Joseph von Eichendorff, Clemens Brentano. – In: Rainer Barbey, Erwin Petzi (Hrsg.): Kleine Regensburger Literaturgeschichte. Regensburg: Pustet 2014, S. 204–216.

Gerigk, Anja: Gründungsszenen der Gedächtniskultur: Goethes „Baukunst" und der Tod des Baumeisters in Arnims „Kronenwächtern". – In: Germanisch-romanische Monatsschrift 64 (2014), S. 175–187.

Griebner, Karoline und Reinhard: Bettine von Arnim in Weimar. Heidelberg: Morio 2014.
Darin mehrfach zu Achim von Arnim.

Härtl, Ursula: Warum Gustav Mahlers *Wunderhorn*-Lied *Lob des hohen Verstandes* keine sechste Strophe hat. – In: NZfE 2012/2013 (2014), S. 82–84.

Jahn, Angela: Die Unsterblichkeit des künstlichen Menschen in der Literatur. Hamburg: Diplom.de 2014.
Zu Arnims Isabella von Ägypten, S. 36–41. Zugl. Magisterarbeit Univ. Konstanz 2009. Vom Verlag als Book on Demand angeboten.

Jost-Fritz, Jan Oliver: Geordnete Spontaneität: Lyrische Subjektivität bei Achim von Arnim. Heidelberg: Winter 2014.

Knaack, Jürgen: Missing Link gefunden. Nachtrag zu den Ausführungen, wie die Völkerschlacht zu ihrem Namen kam. – In: NZfE 2012/2013 (2014), S. 29.

Kremer, Detlef, Andreas B. Kilcher: Romantik. 4., aktualisierte Aufl. Stuttgart: Metzler 2015 (Lehrbuch Germanistik).
Darin mehrfach zu Achim von Arnim.

Krčal, Katharina: Der antisemitische Diskurs der „jüdischen Mimikry". – In: Science v2.orf.at/stories/1737847/index.html [eingestellt 02. 05. 2014].

MacLeod, Catriona: Fugitive objects: sculpture and literature in the German nineteenth century. Evanston, Ill.: Northwestern University Press 2014.
3. Kapitel u.a. über Arnims *Raphael und seine Nachbarinnen.*

Moering, Renate: Achim von Arnim in Böhmen. – In: Brücken. Germanistisches Jahrbuch N.F. 22 (2014) 1/2, S. 165–177.

Moering, Renate: Amor der Tintenjunge. Ein Liebesgedicht Achim von Arnims für Friederike Reichardt. – In: NZfE 2012/2013 (2014), S. 10–18.

Moering, Renate: Farben in der Lyrik Achim von Arnims. – In: Walter Pape (Hsg.): Die Farben der Romantik. Physik und Psychologie, Kunst und Literatur. Berlin, Boston: de Gruyter 2014 (Schriften der Internationalen Arnim-Gesellschaft. 10), S. 173–187.

O'Neal, Devin John: Rewriting Orthodoxy: German Romantic Mythology and the Aesthetics of a Pantheistic Education. Dissertation Abstracts International, 2014 Oct; 75 (4). Diss. Rutgers U, New Brunswick, 2013.
Darin zu Arnims *Isabella von Ägypten.*

Pape, Walter (Hrsg.): Die Farben der Romantik. Physik und Psychologie, Kunst und Literatur. Berlin, Boston: de Gruyter 2014 (Schriften der Internationalen Arnim-Gesellschaft. 10).
Pape, Walter: Vorwort, S. VII–XII. – Dietzsch, Steffen: Wie Farben ‚hinter dem Spektrum' Gestalt annehmen: Von der Konstruktion der romantischen Naturforschung, S. 3–13. – Nitschke, Claudia: Sprache und Erkenntnis: Licht und Dunkel in Clemens Brentanos und Johann Joseph von Görres „Geschichte von BOGS dem Uhrmacher", S. 15–29. – Pietsch, Yvonne: Schattenspielereien: Ästhetische und physikalische Experimente mit Licht und Schatten in Arnims Schattenspiel „Das Loch", S. 31–37. – Jehle, Oliver: „A kind of magick": Gainsborough, Priestley und die Dynamik der Farben, S. 41–56. – Pütz, Saskia: „Aufhebung aller Individualität" – die Farbe Grau bei Philipp Otto Runge im Kontext seiner religiösen Anschauung, S. 57–72. – Hamacher, Bernd: Grau und Braun – „Vorgefühl der Gegensätze des Kalten und Warmen": Zur Rehabilitierung der ‚farblosen', ‚schmutzigen' Farben bei Goethe, S. 73–80. – Pape, Walter: „Richtige Zeichnung und Charakter" und „reichergiebiger Farbenquast": Umriss und Farbe in Literatur und Malerei um 1800, S. 81–99. – Kasper, Norman: „in seiner ursprünglichen bunten Wunderbarkeit": Aufgeklärte Wahrnehmungstheorie und romantisierte Wahrnehmung bei Novalis und Tieck, S. 101–116. – Büttner, Urs: Klangfarbe – Zur Genese einer musikästhetischen Metapher in der

romantischen Literatur, S. 117–123. – Egger, Irmgard: Blau und Gold: Chromatik der Sehnsucht bei Novalis, S. 127–135. – Ehrlich, Lothar: „mit Farben bunt geschmückt" und „Ew'ger Liebe hohes Licht". Farbsymbolik in Arnims Drama „Halle und Jerusalem", S. 137–144. – Burwick, Roswitha: „Es kommen jetzt so schöne Farben auf": Arnims Spiel mit Licht und Farbe in „Die drei liebreichen Schwestern und der glückliche Färber", S. 145–160. – Nienhaus, Stefan: Glänzender, schimmernder Schein: zur Rolle der Farbbezeichnungen in Tiecks synästhetischen Phantasien, S. 163–171. – Moering, Renate: Farben in der Lyrik Achim von Arnims, S. 173–187. – Theile, Gert: Grauzone des Realen: Annäherung an eine romantische Farbnuance, S. 189–198.

Paul, Jean-Marie: Achim von Arnim: Die Versöhnung in der Sommerfrische. Pourquoi un juif converti reste un juif mauvais ou l'impossible conversion. – In: Didier Boisson, Maria Dolores Alonso-Rey Chevalier (Hrsg.): La conversion, textes et réalités. Rennes: Presses Univ. de Rennes 2014, S. 351–362.

Paul, Jean-Marie: Achim von Arnim: Religion, nationalisme et antisémitisme. – In: Béatrice Dumiche (Hrsg.): In memoriam Pierre-André Bois. Textes et contextes – Text und Kontext. Bonn: Romanistischer Verl. 2014 (Abhandlungen zur Sprache und Literatur. 192), S. 145–156.

Pietsch, Yvonne: Erläuterung zu den Briefen. – In: NZfE 2012/2013 (2014), S. 139–156.
Erläuterung zu den 14 unbekannten Briefen Arnims an das Verlagshaus Brockhaus im Kontext der Bezugs-und Antwortbriefe. – In: Ebd., S. 105–138.

Pietsch, Yvonne: Schattenspielereien: Ästhetische und physikalische Experimente mit Licht und Schatten in Arnims Schattenspiel „Das Loch". – In: Walter Pape (Hsg.): Die Farben der Romantik. Physik und Psychologie, Kunst und Literatur. Berlin, Boston: de Gruyter 2014 (Schriften der internationalen Arnim-Gesellschaft. 10), S. 31–37.

Rezai-Dubiel, Jasmin Marjam: Die Dekonstruktion des romantischen Geniekonzepts in Achim von Arnims „Isabella von Ägypten". – In: Revista de filología alemana 22 (2014), S. 73–92.

Rölleke, Heinz: Rheinromantik und „Des Knaben Wunderhorn" – Anregungen und Wirkungen der Arnim/Brentano'schen Liedersammlung von 1805/1808. – In: Michael Simon [u.a.] (Hrsg.): Episteme der Romantik. Volkskundliche Erkundungen. Münster, New York: Waxmann 2014 (Mainzer Beiträge zur Kulturanthropologie, Volkskunde. 8), S. 21–36.

Schippan, Ralph: Gilbert und Arnim, sein Adjutant. Das Ludwig Gilbert gewidmete Exemplar von Achim von Arnims Erstlingswerk *Versuch einer Theorie der elektrischen Erscheinungen* (1799). – In: NZfE 2012/2013 (2014),S. 19–28.

Spreng, Michaela: Die Entdeckung der Perspektiven: Wahrnehmung von Kunst und Künstlerpersönlichkeit in Achim von Arnims Erzählung *Raphael und seine Nachbarinnen*. – In: NZfE 2012/2013 (2014), S. 30–47.

Schultz, Hartwig: Getrennt und vereint. Arnims Königskinder. – In: Wulf Segebrecht (Hrsg.): Gedichte und Interpretationen. Bd. 3: Klassik und Romantik. 4. Aufl. Stuttgart: Reclam 2014 (Universalbibliothek. 7892), S. 283–292.
Interpretation von Arnims Gedicht „Getrennte Liebe".

Theile, Gert: Einfälle, Einflüsse, Synergien. *Die Zeitung für Einsiedler* als Medienexperiment betrachtet. – In: NZfE 2012/2013 (2014), S. 95–102.

Wallach, Steffen: Vor der Phonographie – Herders, Arnims und Brentanos volkspoetische Gramma-Phonie. – In: Natalie Binczek [u.a.] (Hrsg.): Das Hörbuch.Praktiken audioliteralen Schreibens und Verstehens. München [u.a.]: Fink 2014, S. 31–46.

Wingertszahn, Christof: Achim von Arnim: Ritt im Mondschein. – In: Akademische Feier zum 75. Geburtstag von Herrn Universitätsprofessor Dr. Gerhard Sauder: 13. September 2013. Saarbrücken: universaar 2014 (Universitätsreden / Universität des Saarlandes.101), S. 31–33.

2015

Primärliteratur

Arnim, Achim von, und Clemens Brentano: Des Knaben Wunderhorn. Alte deutsche Lieder. Vollständige Ausgabe nach den Texten der Erstausgabe von 1806/08. Köln: Anaconda [2015].

Traumbilder Romantik. Gedichte. Sprecher: Christian Brückner. Audio-CD. Berlin: Parlando 2015.
Darin u.a. Gedichte von Achim von Arnim.

Memoirenliteratur

Majeau, Olga: Eend schitterend isolement. Een familiegeschiednis. Amsterdam: Querido 2015.
Niederländisch. Darin genealogische Ausführungen zu Achim und Bettina von Arnim.

Belletristik

Zumhoff, Josef u. Peter Tenhaef: Verrük-kung. Briefe eines Romantikers in seine Vergangenheit. Banzkow: Adebor 2015.
Darin fiktive Geschichten über Achim von Arnim.

Sekundärliteratur

Bertman, Stephen: The Role of the Golem in the Making of Frankenstein. – In: Keats-Shelley Review 29.1 (2015), S. 42–50.
Über Arnims Isabella von Ägypten.

Borgards, Roland: Literarische Jagdgesellschaften um 1800 (Tieck, Matthisson, Arnim, Kleist) – In: Günter Oesterle und Thorsten Valk (Hrsg.): Riskante Geselligkeit. Würzburg: Königshausen & Neumann 2015 (Stiftung für Romantikforschung. 59), S. 181–196.

Büttner, Urs: Die radikale Historisierung der Kritik in der Romantik : Ein Vergleich zwischen Friedrich Schlegel, Arnim/Brentano und den Brüdern Grimm. – In: Ulrich Breuer (Hrsg.): Der Begriff der Kritik in der Romantik. Paderborn: Schöningh 2015 (Schlegel-Studien. 8) S. 199–213.

Büttner, Urs: Poiesis des ,Sozialen'. Achim von Arnims frühe Poetik bis zur Heidelberger Romantik (1800–1808). Berlin, Boston: de Gruyter 2015 (Studien zur deutschen Literatur. 208).
Zugl. Diss. Univ. Tübingen 2012.

Büttner, Urs: [Rez.] Unzeitgemäß und aktuell. Zur Neuedition von Achim von Arnims „Zeitung für Einsiedler". – In: literaturkritik.de. rezensionsforum [eingestellt 14. 07. 2015].

Bunzel, Wolfgang: Die Erfindung der Rhein-Romantik. Achim von Arnims und Clemens Brentanos Rhein-Reise (1802) – Voraussetzungen, Hintergründe, Kontexte. – In: Internationales Jahrbuch der Bettina von Arnim-Gesellschaft 24/25; 2012/13 (2015), S. 43–59.

Dehrmann, Mark-Georg: Studierte Dichter: Zum Spannungsverhältnis von Dichtung und philologisch-historischen Wissenschaften im 19. Jahrhundert. Berlin [u.a.]: de Gruyter 2015 (Historia hermeneutica: Series studia. 13). S. 269–272: Naturpoesie und Kunstpoesie – Die Debatte mit Achim von Arnim.

Dreier, Lisa: Die Funktion von Popmusikzitaten in der Gegenwartsliteratur der 90er- und 00er-Jahre. Eine interdisziplinäre Untersuchung. Graz, Univ. Diss., 2015. S. 36, 42–44: *Hollins Liebeleben*; S. 189: *Des Knaben Wunderhorn*.

Feuerstein-Praßer, Karin: „Die ganze Richtung unsrer Kräfte treibt entgegengesetzt": Bettine Brentano (1785–1859) und Achim von Arnim. – In: Feuerstein-Praßer: Die Frauen der Dichter: Leben und Lieben an der Seite der Genies. 12 Porträts. München: Piper Juli 2015, S. 34–56.

Grage, Joachim: Kierkegaard's Use of German Literature. – In: Jon Stewart (ed.): A Companion to Kierkegaard. Oxford: Wiley Blackwell Publ. 2015. Zu Achim von Arnim, S. 297, 304, 307.

Häfner, Markus: [Rez.] Jan Oliver Jost-Fritz: Geordnete Spontaneität. Lyrische Subjektivität bei Achim von Arnim. Heidelberg 2014. – In: Athenäum 25 (2015), S. 271–274.

Krechel, Ursula: Geometrie eines Paarlaufs: Bettina und Achim von Arnim. – In: Krechel: Stark und leise: Pionierinnen. Salzburg [u.a.]: Jung und Jung, 2015, S. 45–61.

Mahoney, Dennis F.: Old, New, and (Un)Known Worlds: History and Fiction in Achim von Arnims „Die Kronenwächter" and Edward P. Jones's „The Known World". – In: Wolfgang Mieder (ed.): From Goethe to Novalis. Studies in Classicism and Romanticism. Festschrift for Dennis F. Mahoney in celebration of his sixty-fifth birthday. New York [u.a.]: Lang 2015, S. 285–298.

Moering, Renate: „Wie sie schwebte in meinen Händen…". Ein gemeinsames Lied von Achim von Arnim und Johann Friedrich Reichardt. – In: Gabriele Busch-Salmen (Hrsg.): Der Tanz in der Dichtung – Dichter tanzen. Walter Salmen in memoriam. Hildesheim [u.a.]: Olms 2015, S. 115–121.

Moering, Renate: Die Golem-Sage bei Jacob Grimm und in Handschriften Achim von Arnims. – In: Claudia Brinker-von der Heyde (Hrsg.): Märchen, Mythen und Moderne: 200 Jahre Kinder- und Hausmärchen der Brüder Grimm. 2. Frankfurt a.M.: Lang 2015, S. 1105–1116.

Neumann, Thomas: [Rez.] Ludwig Achim von Arnim: Werke und Briefwechsel. Historisch-kritische Ausgabe [...]. Bd. 6: Zeitung für Einsiedler. Fiktive Briefe für die Zeitung für Einsiedler. Hrsg. v. Renate Moering. Bd. 1: Text, Bd. 2: Kommentar. Berlin, Boston: de Gruyter 2014. – In: Germanistik Bd. 55 (2015), H. 3/4, S. 667–668.

Oesterle, Günter: Tanz als „untergeordnete Kunst" oder als „Zentrum" und Erneuerer aller Künste: Zu einer kontroversen Konstellation in der Romantik. – In: Athenäum 25 (2015), 17–40. Darin mehrfach zu Arnim.

Salmen, Walter: „... denn der Tanz ist die höchste aller Erscheinungen" (Ludwig Achim von Arnim). Dichter auf dem Tanzboden. – In: Gabriele Busch-Salmen (Hrsg.): Der Tanz in der Dichtung – Dichter tanzen. Walter Salmen in memoriam. Hildesheim [u.a.]: Olms 2015, S. 9–29.

Schüler-Springorum, Stefanie: Judenhass abwehren. Was wir aus der Geschichte des Antisemitismus lernen. – In: Der Tagesspiegel v. 18.08.2015.
Zu Arnim und der Itzig-Affäre.

Schütz, Siegfried, und Walter Nissen: Göttinger Gedenktafeln. Ein biografischer Wegweiser Göttingens. Göttingen: Vandenhoeck & Ruprecht 2015.
Darin zu Achim von Arnim, S. 11f.

Schwinn, Holger: Zwischen Freundschaftsbund und Produktionsgemeinschaft. Die „Liederbrüder" Clemens Brentano und Achim von Arnim. – In: Internationales Jahrbuch der Bettina von Arnim-Gesellschaft 24/25 (2012/13) (2015), S. 61–82.

Thurn, Nike: „Falsche Juden": Performative Identitäten in der deutschsprachigen Literatur von Lessing bis Walser. Göttingen: Wallstein [2015].
Zugl. Diss. Universität Trier 2013. S. 204–235: Ein „Schicksalchen" — Achim von Arnims *Die Majorats-Herren*.

2016

Memoirenliteratur

Majeau, Olga: Brosamen für den blauen Vogel: Bettina von Arnim und ihre Nachfahren. Eine europäische Familiengeschichte. Aus dem Niederländischen von Thomas Hauth. München: btb-Verlag 2016

Sekundärliteratur

Baumgart, Hildegard: Bettine und Achim von Arnim. Die Geschichte einer ungewöhnlichen Ehe. Berlin: Insel Verlag 2016.

Bies, Michael: Handwerk, Geld und Kunst: Achim von Arnims Sittengemälde „Die drei liebreichen Schwestern und der glückliche Färber". – In: Walter Pape (Hrsg.): Die alltägliche Romantik. Gewöhnliches und Phantastisches, Lebenswelt und Kunst. Berlin, Boston: de Gruyter 2016 (Schriften der Internationalen Arnim-Gesellschaft. 11), S. 57–68.

Bölts, Stephanie: „Vergiss nicht die roten Rüben einzumachen... Erkälte dich nicht, sei streng gegen die Kinder": Krankheit zwischen Alltag und Dichteramt im Briefwechsel von Achim und bettina von Arnim. – In: Walter Pape (Hrsg.): Die alltägliche Romantik. Gewöhnliches und Phantastisches, Lebenswelt und Kunst. Berlin, Boston: de Gruyter 2016 (Schriften der Internationalen Arnim-Gesellschaft. 11), S. 229–239.

Burwick, Roswitha: [Rez.] „Wie sich die deutsche Nation als patriotische Gemeinde versammelt". – Urs Büttner: Poiesis des Sozialen. Achim von Arnims frühe Poetik zur Heidelberger Romantik (1800–1808). Berlin, Boston 2015. – In: IASL online [eingestellt 16.06.2016].

Dickson, Sheila: Krankheit als romantischer Alltag in Achim von Arnims „Der tolle Invalide" und „Frau von Saverne". – In: Walter Pape (Hrsg.): Die alltägliche Romantik. Gewöhnliches und Phantastisches, Lebenswelt und Kunst. Berlin, Boston: de Gruyter 2016 (Schriften der Internationalen Arnim-Gesellschaft. 11), S. 241–255.

Dickson, Sheila: [Rez.] Jan Oliver Jost-Fritz: Geordnete Spontaneität. Lyrische Subjektivität bei Achim von Arnim. Heidelberg 2014. – In: The German Quarterly Vol. 89 (2016), S. 243f.

Dierkes, Hans: „Lesen muß man es doch auf alle Fälle". Dorothea Veit an Ludwig Achim von Arnim, Paris, Mai 1803. Eine Neuadressierung. – In: Jahrbuch des Freien Deutschen Hochstifts (2016), S. 129–144.

Ehrlich, Lothar: „Ich habe einen Ekel bekommen gegen das Kriegswesen". Arnims Alltag in Königsberg 1806/07. – In: Walter Pape (Hrsg.): Die alltägliche Romantik. Gewöhnliches und Phantastisches, Lebenswelt und Kunst. Berlin, Boston: de Gruyter 2016 (Schriften der Internationalen Arnim-Gesellschaft; Bd. 11), S. 191–206.

Garloff, Katja: Mixed feelings. Tropes of love in German Jewish culture. Ithaca, London: Cornell University Press [2016] (Signale). S. 73–92: Figures of love in later antisemitism – Achim von Arnim.

Knaack, Jürgen: „Die Alltäglichkeit der Zeitungsschreiberei". Achim von Arnim als Redakteur des „Preußischen Correspondenten". – In: Walter Pape (Hrsg.): Die alltägliche Romantik. Gewöhnliches und Phantastisches, Lebenswelt und Kunst. Berlin, Boston: de Gruyter 2016 (Schriften der Internationalen Arnim-Gesellschaft. 11), S. 185–190.

Kollmann, Annett: [Rez.] Innenansichten einer romantischen Ehe. – Hildegard Baumgart: Bettine und Achim von Arnim. Eine ungewöhnliche Ehe. Berlin: 2016. – In: literaturkritik. de.rezensionsforum [eingestellt 21.11.2016].

Meissner, Thomas: [Rez.] Hildegard Baumgart: Bettine und Achim von Arnim. Eine ungewöhnliche Ehe. Berlin 2016. – In: Athenäum (2016), S. 277–281.

Moering, Renate: Stadt versus Land: Lebensräume in Wunsch und Realität: Mit unpublizierten Texten aus dem Ehebriefwechsel zwischen Achim und Bettine von Arnim. – In: Walter Pape (Hrsg.): Die alltägliche Romantik. Gewöhnliches und Phantastisches, Lebenswelt und Kunst. Berlin, Boston: de Gruyter 2016 (Schriften der Internationalen Arnim-Gesellschaft. 11), S. 93–106.

Pape, Walter (Hrsg.), unter Mitarbeit von Roswitha Burwick: Die alltägliche Romantik. Gewöhnliches und Phantastisches, Lebenswelt und Kunst. Berlin, Boston: de Gruyter 2016 (Schriften der Internationalen Arnim-Gesellschaft. 11). Vorwort, S. IX-XV. – Bernd Hammacher: Austern und Wein, Kunst und Philosophie: Die Ambivalenz des Alltäglichen in Hegels Ästhetik, S. 3–12. – Norman Kasper: Ende im Alltag – Anfang der Beliebigkeit: Die Auflösung der romantischen Kunstform bei Hegel und der Ausklang der Romantik in der vormärzlichen Literaturhistoriografie, S. 13–26. – Gert Theile: Alles / Nichts: Romantische Kompensation des prosaischen Alltags bei E. T. A. Hoffmann, S. 27–39. – Steffen Dietzsch: Die Nachtseiten des Städtischen in der europäischen Romantik, S. 41–54. – Michael Bies: Handwerk, Geld und Kunst: Achim von Arnims Sittengemälde „Die drei liebreichen Schwestern und der glückliche Färber", S. 57–68. – Stefan Nienhaus: Das „wahrhaft Bürgerliche" als Zukunftsfigur in Tiecks „Der junge Tischlermeister", S. 69–77. – Yvonne Pietsch: Geselligkeit, das Spiel im Spiel, Realitätsverlust und Transgression: Zum Motiv des Kartenspiels in Texten der Goethezeit, S. 79–89. – Renate Moering: Stadt versus Land: Lebensräume in Wunsch und Realität: Mit unpublizierten Texten aus dem Ehebriefwechsel zwischen Achim und Bettine von Arnim, S. 93–106. – Holger Schwinn: Dichtung und Alltag: Ludwig Achim von Arnims Wiepersdorfer Jahre (1814–1831), S. 107–122. – Barbara Becker-Cantarino: Phantastisches und Alltägliches: Zum poetischen Verfahren Bettine von Arnims, S. 123–129. – Ursula Härtl: Bettinas musikalischer Alltag in München und Landshut 1808/09, S. 131–141. – Konrad Feilchenfeldt: Die Eliminierung des Alltags in den „Hinterlassenen Schriften" Philipp Otto Runges: Ein unbekanntes Prinzip vorkritischer Editionspraxis?, S. 143–156. – Ralph Alexander Schippan: Vom alltäglichen Leben zum Kunstobjekt: Buchgestaltung in der Romantik, S. 157–173. – Irmgard Egger: Die Kunst in Zeiten des Krieges: E. T. A. Hoffmann in Dresden und Leipzig, S. 177–184. – Jürgen Knaack: „Die Alltäglichkeit der Zeitungsschreiberei": Achim von Arnim als Redakteur des „Preußischen Correspondenten", S. 185–190. – Lothar Ehrlich: „Ich habe einen Ekel bekommen gegen das Kriegswesen": Arnims Alltag in Königsberg 1806/07, S. 191–206. – Oliver Jehle: Menzels Realien: Über das Alltägliche als Wahrnehmungsexperiment, S. 209–227. – Stephanie Bölts: „Vergiss nicht die roten Rüben einzumachen… Erkälte dich nicht, sei streng gegen die Kinder": Krankheit zwischen Alltag und Dichteramt im Briefwechsel von Achim und Bettina von Arnim, S. 229–239. – Sheila Dickson: Krankheit als romantischer Alltag in Achim von Arnims „Der tolle Invalide" und „Frau von Saverne", S. 241–255. – Roswitha Burwick: „Wer hat von meinem Tellerchen gegessen?" Essen und Trinken in den Kinder- und Hausmärchen der Brüder Grimm, S. 257–269. – Christof Wingertszahn: „Die Kartoffeln in der Schale": Arnims Reise in die Provinz, S. 271–290.

Rockelmann, Joseph D.: [Rez.] Jan Oliver Jost-Fritz: Geordnete Spontaneität. Lyrische Subjektivität bei Achim von Arnim. Heidelberg 2014. – In: Monatshefte für deutschsprachige Literatur und Kultur. 108 (2016), H. 1, S. 127–129.

Russi, Florian: Achim und Bettina von Arnim in Weimar. Weimar: Bertuch 2016.

Schippan, Ralph Alexander: Vom alltäglichen Leben zum Kunstobjekt: Buchgestaltung in der Romantik. – In: Walter Pape (Hrsg.): Die alltägliche Romantik. Gewöhnliches und Phantastisches, Lebenswelt und Kunst. Berlin, Boston: de Gruyter 2016 (Schriften der Internationalen Arnim-Gesellschaft. 11), S. 157–173.
Zur Buchgestaltung Arnimscher Publikationen, S. 168–173.

Schwinn, Holger: Achim von Arnim auf Wiepersdorf. Hrsg. v. Kleist-Museum Frankfurt (Oder): Verlag für Berlin-Brandenburg 2016 (Frankfurter Buntbücher. 58).

Schwinn, Holger: Dichtung und Alltag: Ludwig Achim von Arnims Wiepersdorfer Jahre (1814–1831). – In: Walter Pape (Hrsg.): Die alltägliche Romantik. Gewöhnliches und Phantastisches, Lebenswelt und Kunst. Berlin, Boston: de Gruyter 2016 (Schriften der Internationalen Arnim-Gesellschaft. 11), 107–122.

Wingertszahn, Christof: „Die Kartoffeln in der Schale": Arnims Reise in die Provinz. – In: Walter Pape (Hrsg.): Die alltägliche Romantik. Gewöhnliches und Phantastisches, Lebenswelt und Kunst. Berlin, Boston: de Gruyter 2016 (Schriften der Internationalen Arnim-Gesellschaft. 11), S. 271–290.

Nachträge

2006
Böhnigk, Volker und Karin Genings, Mirko Müller: Achim von Arnims *Über die Kennzeichen des Judentums*. Ein Kommentar. Unveröffentlichtes Ms. 2006. – In: frontin. Blogsport.de/imagines/Arnim-Endfassung_web.pdf.

2013
Schlechter, Armin: Zwischen Politik, Philologie und Dichtung: Editorische Positionen Arnims und Brentanos und die Liedersammlung „Des Knaben Wunderhorn". – In: Internationales Jahrbuch der Bettina-von-Arnim-Gesellschaft 24/25 (2012–2013), S. 83–98.

Schwinn, Holger: Zwischen Freundschaftsbund und Produktionsgemeinschaft: Die „Liederbrüder" Clemens Brentano und Ludwig Achim von Arnim. – In: Internationales Jahrbuch der Bettina-von-Arnim-Gesellschaft 24–25 (2012–2013), S. 61–82

Zenobi, Luca: Stratisficazoni simboliche della Fremdheit in „Isabella von Ägypten" di Achim von Arnim. – In: Barbara Hans-Bianchi [u.a.] (Hrsg.): Fremdes wahrnehmen, aufnehmen, annehmen. Studien zur deutschen Sprache und Kultur in Kontaktsituationen. Frankfurt a. M.: Lang 2013 (Bonner romanistische Arbeiten. 109), S. 65–72.

Anzeigen und Berichte

Prof. Dr. Dr. h.c. mult. Gerhard Schulz zum 90. Geburtstag

Der am 3. August 1928 im sächsischen Löbau geborene Literaturwissenschaftler Gerhard Schulz wurde 1958 an der Leipziger Universität bei Hermann August Korff und Hans Mayer promoviert mit einer Untersuchung zur Berufstätigkeit Friedrich von Hardenbergs (Novalis) und ihre[r] Bedeutung für seine Dichtung und Gedankenwelt. Damit erhielt die berufliche Tätigkeit des Dichters der romantischen Sehnsucht, der als Bergmann, Salinentechniker und Jurist tätig war, die entsprechende Gewichtung innerhalb der Novalis-Forschung. Als Gerhard Schulz kurz darauf die DDR verließ, fand er in Australien, bei dem Novalis-Experten Richard Samuel, eine neue Wirkungsstätte: Vom Redaktor zum Mitherausgeber agierte er bei der Edition der *Historisch-kritischen Novalis-Ausgabe*, die Samuel zusammen mit Paul Kluckhohn begründet hatte. Lehrtätigkeiten in Melbourne, Adelhaide und Perth gingen damit einher. Von 1969 bis 1983 hatte Gerhard Schulz den Lehrstuhl für Germanic Studies an der Universität Melbourne inne.

Neben der Editionsarbeit an der Novalis-Ausgabe, die Schulz oft nach Deutschland in Archive und Bibliotheken führte, legte er u.a. eine Studienausgabe der Werke des Dichters, eine vielfach aufgelegte Bildbiographie sowie zahlreiche Monographien vor, wovon zwei zu international anerkannten Standardwerken der Literaturgeschichtsschreibung avancierten. Gerhard Schulz groß angelegter zweibändiger Abriß zur *Deutschen Literatur zwischen Französischer Revolution und Restauration* (1983, 1989) erlebte mehrere Auflagen, ebenso wie seine 2011 vorgestellte Monographie *Novalis. Leben und Werk* – die beeindruckende, aus lebenslanger Beschäftigung erwachsene Bilanz mit dem Dichter und Menschen Hardenberg. Gerhard Schulz hat seinen Ruf als einer der besten Kenner der deutschen Literatur zwischen 1770 und 1830 auf vielen Gebieten unter Beweis gestellt. So mit einem Studienband über *Goethe und seine Deutschen* (1998), einer Biographie über *Kleist* (2007) und Büchern über *Klassik. Geschichte und Begriff* (zus. mit S. Doering, 2003) und *Romantik. Geschichte und Begriff* (2008).

Neben seinen literaturwissenschaftlich ausgebreiteten Arbeiten rezensierte Gerhard Schulz jahrzehntelang vom fernen Australien aus für die Frankfurter Zeitung, sehr zur Freude des mit ihm befreundeten Feuilletonchefs Marcel Reich-Ranicki, zahlreiche Neuerscheinungen wissenschaftlicher und belletristischer Art.

Gerhard Schulz ist Träger der Goethe-Medaille in Gold, des Bundesverdienstkreuzes 1. Klasse, der Eichendorff-Medaille; er erhielt den Forschungspreis der Alexander-von-Humboldt-Stiftung und die Ehrendoktorwürde der Universitäten Oldenburg und Leipzig. Er ist Fellow der Australien Academy of Humanities, deren Präsident er mehrere Jahre war, und Korrespondierendes Mitglied der Deutschen Akademie für Sprache und Dichtung.

Er nahm am Glasgower Symposium der Internationalen Arnim-Gesellschaft teil und fungierte mehrmals als Gutachter für einzelne Bände der *Weimarer Arnim-Ausgabe*. Die Internationale Arnim-Gesellschaft, insbesondere Heinz Härtl, der Herausgeber der Briefbände, sind Gerhard Schulz zu großem Dank verpflichtet.

Die mit feinem Humor durchwirkte Kultiviertheit seiner Rede und seiner Texte, deren eleganter Stil den bloß akademischen Beitrag weit hinter sich läßt, geben Zeugnis von der Liebe und Kennerschaft eines hommes de lettre zur deutschen Literatur am anderen Ende der Welt.

Und so übermittelt die Internationale Arnim-Geselschaft und die Herausgeber der *Weimarer Arnim-Ausgabe* zum 90. Geburtstag herzliche Grüße, verbunden mit den besten Wünschen für die kommenden Lebensjahre. Mögen Sie noch viel Freude, Gesundheit und Erfolg erleben.

Gert Theile

PD Dr. Bernd Hamacher
* 28.05.1964 † 21.02.2018

Bernd Hamacher beim Rundgang durch Halle am 13. Oktober 2012 beim 9. Kolloquium der IAG

Bernd Hamacher war mit seinen klugen und interessanten Beiträgen bei den Kolloquien der Internationalen Arnim-Gesellschaft ein gern gesehener Teilnehmer. Seinen Beitrag zum Band 12 der Schriften der Internationalen Arnim-Gesellschaft „Romantik und Recht" musste er im Januar 2017 wegen seiner Erkrankung bereits absagen.

Wir haben Bernd Hamacher als bescheidenen und liebenswerten Menschen kennen gelernt. Er war ein kluger und ungemein gebildeter Mensch, der sowohl komplexe und dennoch klare theoretische Argumentation wie anschauliche Darstellung beherrschte. Seine staunenswerte analytische Kompetenz, sein lebendiger Vortrag werden uns fehlen. Seine scherzhafte Kunst, mit scheinbaren Paradoxa („Die Gesamtheit der Wirklichkeit aber kann bei Goethe immer nur grau sein") einen Essay zu enden, konnten wir bewundern. Goethe, Kleist und Thomas Mann standen im Mittelpunkt seines Interesses und seiner Forschungen ebenso wie die Editionsphilologie seit seiner Dissertation zum letzten Werkplan „Luthers Hochzeit" von Thomas Mann. Für die Goethe-Philologie hat er mit seiner Arbeit am Goethe-Wörterbuch an der Hamburger Arbeitsstelle der Akademie der Wissenschaften zu Göttingen (2001–2011) Großes geleistet. Seine Kölner Habilitationsschrift *Offenbarung und Gewalt. Literarische Aspekte kultureller Krisen um 1800* hat eine paradigmatische Bedeutung in ihrer bewussten Verbindung von Kulturwissenschaft (und ›Ideengeschichte‹) und »Mikrophilologie«. Seit 2011 war er am Germanistischen Institut der Universität Hamburg tätig.

Die deutschsprachige Germanistik hat einen ihrer stillen, aber hoch geschätzten Kollegen, einen ihrer besten kulturwissenschaftlichen Philologen verloren. Am 21. Februar 2018 ist er nach langer und schwerer Krankheit verstorben. Wir werden ihm ein ehrendes Andenken bewahren.

Walter Pape

Ursula Härtl
* 14.01.1942 † 02.11.2016

Ursula Härtl am 26. Juli 2014 bei ihrem Vortrag „Bettinas musikalischer Alltag in München und Landshut (1808/09)" beim 10. Kolloquium der IAG in Weimar.

Ursula Härtl war seit der Begründung der historisch-kritischen Weimarer Arnim-Ausgabe und der Internationalen Arnim-Gesellschaft in den 1990er Jahren ein in den Kreisen der Herausgeber und bei den Teilnehmern der Kolloquium engagiertes und geschätztes Mitglied. Auch erinnern sich viele gern an die freundschaftlichen Abende in der Cranachstraße, wo sie uns mit ihrem Wissen um die Schriften Arnims und Bettine und Clemens Brentanos weiterhalf und zudem kulinarisch verwöhnte. Im Sommer 2012 verbrachte sie drei Monate mit mir im Goethe- und Schiller-Archiv in Weimar, um die ca. 1000 handschriftlichen Seiten der naturwissenschaftlichen Schriften Arnims zu kollationieren. Ohne ihre Kenntnis hätte der in diesem Jahr erscheinende Band manche Lücken und Fragezeichen.

Ursula Härtl arbeitete nach ihrem Studium in Jena als Optikermeisterin und war nach ihrem Kirchenmusikstudium in Halle praktizierende Kirchenmusikerin. Sie spielte zeitlebens mit Begeisterung Flöte und besaß eine beeindruckende Musikaliensammlung. In den 90er Jahren leitete sie die Öffentlichkeitsarbeit der Gedenkstätte Buchenwald. Neben ihrer beruflichen Tätigkeit arbeitete sie ehrenamtlich, nach ihrer Verrentung 2007 dann mit voller Kraft an den Briefausgaben der WAA.

Mit ihrer Teilnahme an unseren Kolloquien und der Organisation des Puppenspielers Frieder Simon mit »Prinz und Mohrenkönig« –aus *Halle und Jerusalem*, dem »Maskenspiel« mit Prinzessin, Weißprinz und Mohrenprinz in Halle, lernten wir auch die literarische und editorische Seite Ursulas kennen. Ihr Beitrag „Bettinas musikalischer Alltag in München und Landshut 1808/09" im 11. Band der Schriften der Internationalen Arnim-Gesellschaft stellte nicht nur ihre literarischen und biographischen Kenntnisse zu Bettine, sondern auch ihre Liebe zur Musik unter Beweis.

Mit der jahrelangen Arbeit im Archiv in Weimar und meinen häufigen Aufenthalten hatten wir Gelegenheit, auch die Umgebung Weimars in langen Spaziergängen zu erkunden, die wir dann in den umliegenden Lokalen und sommerlichen Gärten ausklingen ließen. Ursula war ein Anker, ein Ruhepunkt in den arbeitsreichen langen Tagen meiner Weimarer Besuche. Ihre schnell voranschreitende Krankheit hat Alles zu einem viel zu frühen Ende geführt. Wir werden sie sehr vermissen und trauern mit ihrer Familie.

Roswitha Burwick

Ludwig Achim von Arnim: Werke und Briefwechsel. Historisch-kritische Ausgabe. Weimarer Arnim-Ausgabe

In Zusammenarbeit mit der Klassik Stiftung Weimar herausgegeben von Roswitha Burwick, Sheila Dickson, Lothar Ehrlich, Heinz Härtl, Renate Moering, Ulfert Ricklefs und Christof Wingertszahn. Insgesamt ca. 40 Bände umfasst der Editionsplan. – Die Edition erscheint bis zur Publikation des letzten Bandes in Subskription. Der Einzelpreis der Bände liegt ca. 10% über dem Subskriptionspreis.

Bereits erschienen:

Band 1:
Schriften der Schüler- und Studentenzeit. Edition der lateinischen Schülerarbeiten von Manfred Simon unter Mitarbeit von Bettina Zschiedrich hrsg. von Sheila Dickson. 2004.
Der Band enthält die zwischen 1791 und 1800 entstandenen nichtnaturwissenschaftlichen Schüler- und Studentenarbeiten Arnims. Mit wenigen Ausnahmen sind die Texte bisher unveröffentlicht. Ihre Spannweite reicht von streng an eine Vorlage gebundenen Arbeiten, Übungen und Abschriften bis zu frei formulierten Aufsätzen oder Reden zu gesellschaftlichen, historischen, philosophischen und strafrechtlichen Themen mit zum Teil fiktionalem und autobiographischem Inhalt. Der Band bietet einen Einblick in die von vielfältigen Einflüssen geprägte Entwicklung des Schülers und Studenten und dokumentiert sowohl seine wissenschaftlichen Interessen als auch seine Neigung zum Poetischen.
ISBN : 3-484-15601-5. – 2004. VIII, 904 Seiten. 12 Abb. Leinen. 128€

Band 2:
Naturwissenschaftliche Schriften I. Veröffentlichungen 1799–1811. Hrsg. von Roswitha Burwick. 2007.
Der zweite Band der Weimarer Arnim-Ausgabe enthält sämtliche veröffentlichten naturwissenschaftlichen Schriften Arnims. Mit Referaten und eigenständigen Abhandlungen zu Elektrizität, Magnetismus und Galvanismus konzentrierte sich Arnim auf die großen Entdeckungen der Zeit und erfasste damit im wesentlichen das Wissen der zeitgenössischen Naturwissenschaften. Seine Schriften fanden Beachtung in einschlägigen Fachzeitschriften und den großen physikalischen Wörterbüchern. Zusammen mit Johann Wilhelm Ritter, Friedrich Wilhelm Joseph von Schelling und Alexander von Humboldt sicherte sich der junge Student einen Platz in der ›scientific community‹ um 1800.
ISBN: 978-3-484-15602-9. – 2007. XIX, 1639 Seiten. 19 Abb. 2 Teilbände. Leinen. 220 €.

Band 3
Naturwissenschaftliche Schriften II. Hrsg. v. Roswitha Burwick. 2018.
Nachdem sämtliche 1799–1811 veröffentlichten naturwissenschaftlichen Schriften
Arnims in Bd. 2 der Weimarer Ausgabe erschienen sind, enthält der dritte Band die
etwa 1000 Seiten bisher unpublizierten Aufzeichnungen des jungen Studenten der
Philosophie und Naturwissenschaften, die Arnim aus Monographien, Lehrbüchern,
Zeitschriften, Akademieschriften und Vorlesungen zusammengetragen hat. Neben
den Vorarbeiten zu veröffentlichten Werken stehen umfangreiche Konzepte zu unveröffentlichten Projekten, Vortragsprotokolle, lexikographisch geordnete Notizen,
Exzerpte, Rezensionen und Übersetzungen, aber auch eigene theoretische Ansätze
und philosophische Betrachtungen, die in ihrer Gesamtheit neben den großen Natur-
forschern und Naturphilosophen auch eine breite Auffächerung von Korrespondenten
und Schriftstellern vorführt, die sich mit den einschlägigen Fragen der Zeit ausein-
andersetzen. Mit der umfassenden Bibliographie ist der Band ein wichtiger Beitrag
zur modernen Wissenschaftsgeschichte und damit ein Modellfall für den Diskurs um
1800, der in seinem enzyklopädischen Ausmaß die Wissensdarstellung und -vermitt-
lung der Zeit einzigartig reflektiert und kommentiert.
ISBN: 978-3-11-058225-3. ca. 2.100 Seiten. 85 Abb. 2 Teilbände. Leinen. [329 €].

Band 6:
Zeitung für Einsiedler. Hrsg. v. Renate Moering. 2014.
Die *Zeitung für Einsiedler (Tröst Einsamkeit)* ist eine der originellsten Zeitschriften
der Heidelberger Romantik. Herausgeber war ausschließlich Achim von Arnim, der
das Blatt bewusst ohne Tagesneuigkeiten zunächst als eine Art Anthologie begann
und dann Beiträge weiterer romantischer Dichter und Wissenschaftler einwarb und
aufnahm. Obwohl er Auseinandersetzungen vermeiden wollte, wurde er in eine Lite-
raturfehde mit dem Homer-Übersetzer Johann Heinrich Voß und dem *Morgenblatt*
hineingezogen, was den ursprünglichen Charakter der Zeitung verdrängte. Der Anhang des Bandes versammelt handschriftlich überlieferte und bisher wenig bekannte
Satiren Arnims für die Zeitung. Der Kommentar erläutert die Texte aller Beiträger,
druckt unbekannte Quellen und Varianten ab und untersucht die Bildquellen zu den
Abbildungen und die Vertonungen. Somit stellt der Band ein komplex angelegtes Ge-
flecht kontextualer Bezüge dar.
ISBN: 978-3-11-028063-0. – XXVIII, ca. 1416 Seiten. – Leinen. 269 €.

Band 10:
Die Päpstin Johanna. Hrsg. von Johannes Barth. 2006.
Arnims 1812/13 entstandene Bearbeitung der mittelalterlichen Sage von der Päpstin
Johanna, die in typisch romantischer Weise epische, lyrische und dramatische Elemente verbindet, wird hier erstmals in authentischer Form nach den Handschriften
ediert. Mit dieser Dichtung, die schon von Zeitgenossen des Autors wie Jacob Grimm
mit Goethes „Faust" verglichen wurde, ist eine der unbekanntesten, originellsten und

reichhaltigsten Schöpfungen Arnims wie der deutschen Romantik überhaupt zu entdecken.
ISBN: 3-484-15610-4. – 2 Teile mit zusammen XIV, 1132 Seiten, 8 Abb. – Leinen. 214 €.

Band 11:
Texte der deutschen Tischgesellschaft (1811–1816). Hrsg. von Stefan Nienhaus. 2008.
Der Band versammelt erstmals alle Dokumente der deutschen Tischgesellschaft, die am 18. Januar 1811 von Arnim mit Unterstützung Adam Müllers gegründet wurde. Es handelt sich um die bedeutendsten Zeugnisse für das kulturpolitische Engagement der Berliner Romantik mit nationalistisch-antifranzösischer und antisemitischer Tendenz. Zu diesen Texten gehören neben patriotischen Liedern und satirischen Tischreden Arnims u.a. Brentanos Satire „Der Philister vor, in und nach der Geschichte" sowie bisher wenig bekannte Beiträge Beckedorffs, Beuths und Fichtes zur Vereinsgeselligkeit.
ISBN: 978-3-484-15611-1. – VII, 500 Seiten, 17 Abb. – Leinen. 119,95 €

Band 13:
Schaubühne I. Hrsg. v. Yvonne Pietsch. 2010.
Mit dem 13. Band der Weimarer Arnim-Ausgabe ergibt sich die Möglichkeit, für dieses kulturhistorisch entscheidende Werk Arnims erstmals eine angemessene Textgrundlegung auf der Basis der Erstausgabe bzw. der Handschriften zu leisten und die *Schaubühne* zugleich über die Kommentierung in ihrer komplexen Intertextualität aufzubereiten. Die *Schaubühne* von 1813 ist – abgesehen von dem erneuten Abdruck in den durch Bettina von Arnim herausgegebenen *Sämmtlichen Werken* – nach 1900 nur in Teilabdrucken publiziert worden. Aufgrund dieser spärlichen Editionslage kann man im Fall der *Schaubühne*-Dramen von einer – sogar bei Literaturwissenschaftlern – nahezu vollständigen Unkenntnis der zehn darin enthaltenen Stücke ausgehen. – Die *Schaubühne* für den wissenschaftlichen Diskurs (sowohl für die germanistische als auch für die historische und kulturwissenschaftliche Diskussion) zugänglich zu machen, ist in diesem Sinne ein dringendes Anliegen dieser Ausgabe. Der Band versteht sich als fundierte Forschungsgrundlage für wissenschaftliche Studien und Analysen zum dramatischen Schaffen Arnims und möchte das Interesse an den bislang noch nicht publizierten Stücken und Entwürfen Arnims, deren größter Teil noch zu erschließen ist, wecken.
ISBN: 978-3-484-15613-5. – VIII, 905 Seiten, 8 Abb. – Leinen. 206 €.

Band 30:
Briefwechsel 1788–1801. Hrsg. von Heinz Härtl. 2000.
Der Band enthält die in Arnims Kindheit und Jugend, während seiner Schul- und Universitätsjahre bis zum Beginn der Bildungsreise überlieferten sowie erschlossenen Briefe von ihm (107) und an ihn (94) mit Erläuterungen. Ein erheblicher Teil der Tex-

te wird erstmals gedruckt. Die Briefe und die Erläuterungen zu ihnen sind nicht nur wegen der Informationen über Ludwig Achim von Arnim (1781–1831) von Belang. Seine hauptsächlichen Briefpartner waren Naturwissenschaftler verschiedener Disziplinen, die großenteils wegweisend an den wissenschaftlichen Innovationen um 1800 Anteil hatten, Schul- und Universitätsfreunde sowie Verwandte, die zur Elite des preußischen Staates im Zeitalter seiner Reform gehörten.
ISBN: 3-484-15630-9. – XVI, 682 Seiten. Leinen. 140 €.

Band 31:
Briefwechsel 1802–1804. Hrsg. von Heinz Härtl. 2004.

Der Band enthält Arnims Briefwechsel während seiner Bildungsreise: 117 überlieferte und erschlossene Briefe von ihm, 89 an ihn sowie detaillierte Erläuterungen. Ein erheblicher Teil der edierten Texte wird erstmals oder erstmals vollständig nach Handschriften gedruckt: 29 von Arnim, 28 von anderen. Arnim korrespondierte mit Familienangehörigen und Reisebekanntschaften, unter denen sich exorbitante Frauen (Madame de Staël u.a.) befanden. Den Hauptanteil bildet die frühe Freundschaftskorrespondenz mit Clemens Brentano, die während der Reisejahre zu einem der außerordentlichsten Briefwechsel der deutschen Literatur geriet. Bedeutsam ist er vor allem wegen der großartigen Unkonventionalität der Briefe, die in der Übergangszeit von der sich auflösenden Jenaer Romantik zur sich herausbildenden Heidelberger eine in ihrer Originalität noch kaum angemessen erfasste Phase der deutschen Romantik bezeugen. Die Briefe sind großenteils Briefdichtungen nicht nur in dem Sinn, dass sie Gedichte enthalten, sondern vor allem in dem universalpoetischen der frühromantischen Ästhetik.
ISBN : 3-484-15631-7. – XIII, 984 Seiten. 21 Abbildungen. Leinen. 162 €.

Band 32:
Briefwechsel 1805–1806. Hrsg. von Heinz Härtl unter Mitwirkung von Ursula Härtl. 2011.

Der Band enthält die von Anfang 1805 bis Ende 1806 von und an Arnim geschriebenen Briefe. Es werden 157 Briefe, Konzepte und Exzerpte von Arnim sowie 65 an ihn ediert oder registriert, außerdem als Anhang I 21 Stammbuch-Eintragungen, als Anhang II zehn Kontextbriefe und Beilagen, als Anhang III ein Exzerptheft „Abschriften aus Briefen". Ein erheblicher Teil der edierten Brief- und sonstigen Texte wird erstmals oder erstmals vollständig nach Handschriften ediert. Die Briefe dokumentieren die erste intensive Phase der Heidelberger Romantik. Arnims hauptsächlicher Briefpartner war, wie im vorigen Band, Clemens Brentano. Die Korrespondenz der Freunde erreichte 1805–1806 ihre hochromantische Phase. Außerdem sind die Briefwechsel Arnims mit Sophie Brentano, der Frau des Freundes, und mit dessen Schwester Bettina sowie Briefe an Goethe von herausragender Bedeutung. Die Texte und ihre Zusammenhänge werden wie bisher durch intensive Einzelstellenkommentierung und eine biographisch-bibliographische Übersicht der Korrespondenten erläutert. Im Unterschied zu den bisherigen Briefbänden ist das Personenregister zwecks Entlastung des Kommentars kommentiert.

ISBN: 978-3-11-02069-5. – XX, 1146 Seiten. Leinen. 219,95 €.

Band 33:
Briefwechsel 1807–1808. Hrsg. von Heinz Härtl unter Mitwirkung von Ursula Härtl. 2018.
Der Band enthält die von Anfang 1807 bis Ende 1808 von und an Arnim geschriebenen Briefe, soweit sie überliefert sind oder mit hinreichender Sicherheit erschlossen werden konnten. Mit ihnen endet Arnims in den Bänden 31 und 32 der Arnim-Ausgabe dokumentierte Korrespondenz seiner Reisejahre, die im November 1801 begonnen hatten. Daß Arnim in dieser Zeit zunächst Brentano und dessen Schwester Bettina, dann den Juristen Savigny und 1807/08 auch die Brüder Grimm sowie Görres zu Freunden und Vertrauten gewann, war nicht der geringste Ertrag seiner Peregrination. Da sie alle bedeutende Briefschreiber waren und Gewichtiges mitzuteilen hatten, war der Gewinn der Freunde auch einer für die deutsche Briefliteratur. Insgesamt werden 299 Briefe, Konzepte und Exzerpte von Arnim sowie 203 an ihn ediert oder registriert, außerdem als Anhang I 29 Stammbuch-Eintragungen, als Anhang II 11 Kontextbriefe und Beilagen, als Anhang III und IV zwei Konvolute mit Briefexzerpten. Ein erheblicher Teil der Brief- und sonstigen Texte wird erstmals oder erstmals vollständig nach Handschriften mitgeteilt.
ISBN: 978-3-11-054034-5. ca. 2.016 Seiten. [349 €].

Schriften der Internationalen Arnim-Gesellschaft

Band 1:
Universelle Entwürfe – Integration – Rückzug: Arnims Berliner Zeit (1809–1814). Zernikower Kolloquium der Internationalen Arnim-Gesellschaft. Hrsg. von Ulfert Ricklefs.
Tübingen: Niemeyer 2000 (Schriften der Internationalen Arnim-Gesellschaft. 1) XXI, 304 Seiten, kart. 78,00 €

Band 2:
»Frohe Jugend, reich an Hoffen«. Der junge Arnim. Wiepersdorfer Kolloquium der Internationalen Arnim-Gesellschaft. Hrsg. von Roswitha Burwick und Heinz Härtl.
Tübingen: Niemeyer 2000 (Schriften der Internationalen Arnim-Gesellschaft. 2) XI, 245 S., kart. 64,00 €

Band 3:
Arnim und die Berliner Romantik. Kunst, Literatur und Politik. Berliner Kolloquium der Internationalen Arnim-Gesellschaft. Hrsg. von Walter Pape.
Tübingen: Niemeyer 2001 (Schriften der Internationalen Arnim-Gesellschaft. 3). Reprint Berlin: de Gruyter 2011. XI, 252 S., kart. 64,00 €

Band 4:
Romantische Identitätskonstruktionen: Nation, Geschichte und (Auto-)Biographie. Glasgower Kolloquium der Internationalen Arnim-Gesellschaft. Hrsg. von Sheila Dickson und Walter Pape.
Tübingen: Niemeyer 2003 (Schriften der Internationalen Amim-Gesellschaft. 4). Reprint Berlin: de Gruyter 2012. X, 303 S., kart. 78,00 €

Band 5:
Das »Wunderhorn« und die Heidelberger Romantik: Mündlichkeit, Schriftlichkeit, Performanz. Heidelberger Kolloquium der Internationalen Arnim-Gesellschaft. Hrsg. von Walter Pape.
Tübingen: Niemeyer 2005 (Schriften der Internationalen Arnim-Gesellschaft. 5). Reprint Berlin: de Gruyter 2011. XII, 293 S., kart. 96,00 €

Band 6:
Romantische Metaphorik des Fließens. Körper, Seele, Poesie. Schönburger Kolloquium der Internationalen Arnim-Gesellschaft. Hrsg. von Walter Pape.

Tübingen: Niemeyer 2007 (Schriften der Internationalen Arnim-Gesellschaft. 6). Reprint Berlin: de Gruyter 2012. X, 285 S., kart. 84,00 €

Band 7:
Raumkonfigurationen in der Romantik. Eisenacher Kolloquium der Internationalen Arnim-Gesellschaft. Hrsg. von Walter Pape. Tübingen: Niemeyer 2009 (Schriften der Internationalen Arnim-Gesellschaft. 7). XIII, 303 S., kart. 99,95 €

Band 8:
Achim von Arnim und sein Kreis. Hrsg. von Steffen Dietzsch und Ariane Ludwig. Berlin: de Gruyter 2010 (Schriften der Internationalen Arnim-Gesellschaft. 8). VIII, 383 S., geb. 129,95 €

Band 9:
Emotionen in der Romantik. Repräsentation, Ästhetik, Inszenierung. Hrsg. von Antje Arnold und Walter Pape. Berlin: de Gruyter 2012 (Schriften der Internationalen Arnim-Gesellschaft. 9). XII, 276 S. 99, 95 €

Band 10:
Die Farben der Romantik. Physik, Physiologie, Kunst, Ästhetik. Hrsg. von Walter Pape. Berlin: de Gruyter 2014 (Schriften der Internationalen Arnim-Gesellschaft. 10). XIII, 217 S.; 99, 95 €

Band 11:
Die alltägliche Romantik: Gewöhnliches und Phantastisches, Lebenswelt und Kunst. Hrsg. von Walter Pape unter Mitarb. von Roswitha Burwick. Berlin: de Gruyter 2016 (Schriften der Internationalen Arnim-Gesellschaft. 11). XV, 321 S., 16 Farbabb.; 99, 95 €

Band 12:
Romantik und Recht: Recht und Sprache, Rechtsfälle und Gerechtigkeit. Hrsg. von Antje Arnold und Walter Pape. Berlin: de Gruyter 2018 (Schriften der Internationalen Arnim-Gesellschaft. 12). XII, 306 S.; 99,95 €

Mitglieder der IAG können die Bände direkt bei der IAG
zu einem Vorzugspreis mit 25% Rabatt beziehen!

Protokoll der Mitgliederversammlung der Internationalen Arnim-Gesellschaft am 2. September 2016 in Düsseldorf

Ort: Goethe Museum Düsseldorf, Jacobistraße 2, 40211 Düsseldorf
Anwesende: Prof. Dr. Roswitha Burwick, Dr. Sheila Dickson, Prof. Dr. Lothar Ehrlich, Prof. Dr. Konrad Feilchenfeldt, Petra Heymach, Dr. Renate Moering, Prof. Dr. Stefan Nienhaus, Walter Pape, Anna Sievert, Prof. Dr. Christof Wingertszahn

TOP 1
Der Präsident Walter Pape begrüßt die anwesenden Mitglieder und stellt fest, dass ordnungs- und fristgemäß eingeladen worden ist. Die Tagesordnung wird um einen Punkt (7a) ergänzt und einstimmig angenommen.

Top 2
Das Protokoll der letzten Versammlung wird genehmigt.

TOP 3
Bericht des Präsidenten und der Vize-Präsidentin:

TOP 4
Mitgliederzahl und Kassenbericht: Der Präsident legt im Auftrag der verhinderten Schatzmeisterin Yvonne Pietsch den von den Kassenprüferinnen Bettina Zschiedrich und Ariane Ludwig geprüften Kassenbericht vor, der für den Abrechnungszeitraum den Zeitraum vom 28.6.2014 bis 1.9.2016 insgesamt Einnahmen von 2.511,00 Euro und Ausgaben von 4.184,25 Euro ausweist. Der Kassenstand zum 1.9.2016 betrug 3.312,27. Die Mitgliederzahl zum gleichen Zeitpunkt belief sich auf 56 Personen.

TOP 5
Auf Antrag von Stefan Nienhaus wird der Vorstand insgesamt einstimmig bei 2 Enthaltungen entlastet.

TOP 6
Zukunft der „Neuen Zeitung für Einsiedler": Der Präsident berichtet, dass für den Jahrgang 12./13. (2012/13) der NZfE (erschienen 2015) außerordentlich hohe Druckkosten (2.996,88 €) angefallen sind; Vorstand und Beirat wurden im Vorfeld leider nicht informiert. Da die bisherigen Herausgeber der

beiden letzten Jahrgänge, Ariane Ludwig und Gert Theile, für diese Aufgabe nicht mehr zur Verfügung stehen, müssen Alternativen gesucht werden. Für die technische Einrichtung interessiert sich das neue Mitglied Anna Sievert (Master-Studium der Germanistik und Editionswissenschaft). Die Mitgliederversammlung beschloss, zu prüfen, inwieweit eine gedruckte oder eine digitale Version machbar ist.

TOP 7
Bericht zur Weimarer Arnim-Ausgabe: siehe den dem Protokoll beigefügten Editionsplan.

TOP 7a
Roswitha Burwick schlägt vor, Sheila Dickson in die Reihe der Hauptherausgeber der WAA aufzunehmen; die Versammlung übernimmt den Vorschlag einstimmig; der Präsident wird gebeten diese Bitte dem Verlag de Gruyter zu kommunizieren.

TOP 8
Arnim-Arbeitsstelle: entfällt.

TOP 9
Kolloquium 2018: Der Präsident schlägt als Thema vor: „Pilger, Fremde, Eremiten Pilger und Pilgerreisen, Fremde und Einsame in der Romantik". Das nächste Kolloquium soll in Schloss Oberwiederstedt, Geburtsort von Novalis und Literaturmuseum, stattfinden.

Protokollführer: Walter Pape

Verzeichnis der Beiträgerinnen und Beiträger

Prof. Barbara Becker-Cantarino • Ohio State University, Emerita • 6703 Ladera Norte, Austin, TX 78731

Prof. Dr. Roswitha Burwick • Scripps College, Emerita • 1011 Berkeley Avenue • Claremont, CA 91711

Petra Heymach • Lermooser Weg 34 a • D-12209 Berlin

Dr. Jürgen Knaack • Adlerhorst 24 • D-24558 Henstedt-Ulzburg

Dr. Renate Moering • Zietenring 1 • D-65195 Wiesbaden

Prof. Dr. Dr. h.c. Walter Pape • Universität zu Köln • Institut für deutsche Sprache und Literatur I • Albertus-Magnus-Platz • D-50923 Köln

Dr. Yvonne Pietsch • Klassik Stiftung Weimar • Burgplatz 4 • D-99423 Weimar

Prof. Dr. Hans-Georg Pott • Heinrich-Heine-Universität. • Germanistisches Institut II • Universitätsstraße 1 • 40225 Düsseldorf

Maria Reger • University of Connecticut • PhD Candidate in German Studies • Department of Literatures, Cultures & Languages • 365 Fairfield Way • Storrs, CT 06269

Prof. Dr. Heinz Rölleke • Bergische Universität Wuppertal, Emeritus • D-41469 Neuss • Goetheweg 8

Anna Sievert • Wilhelmstr. 40 • 51379 Leverkusen

Dr. Barbara Steingießer • Necklenbroicher Straße 78 • D-40667 Meerbusch

Dr. Gert Theile • Klassik Stiftung Weimar • Burgplatz 4 • D-99423 Weimar

Dr. Norbert Wichard • Krefelder Str. 21 • 52070 Aachen